果壳
科技有意思

给少年的科学书

果壳 | 编著   朱岩 | 审

向远方

地理

人民邮电出版社

北　京

图书在版编目（ＣＩＰ）数据

给少年的科学书. 向远方地理 / 果壳编著. -- 北京：
人民邮电出版社，2022.9（2024.6 重印）
ISBN 978-7-115-57318-6

Ⅰ. ①给… Ⅱ. ①果… Ⅲ. ①科学知识－青少年读物
②地理－青少年读物 Ⅳ. ①Z228.1②K9-49

中国版本图书馆CIP数据核字(2021)第187815号

◆ 编　著　果　壳
审　　　朱　岩
责任编辑　胡玉婷
责任印制　陈　犇
◆ 人民邮电出版社出版发行　北京市丰台区成寿寺路 11 号
邮编　100164　　电子邮件　315@ptpress.com.cn
网址　https://www.ptpress.com.cn
优奇仕印刷河北有限公司印刷
◆ 开本：700×1000　1/16
印张：10.25　　　　　　　2022 年 9 月第 1 版
字数：140 千字　　　　　2024 年 6 月河北第 14 次印刷

定价：59.80 元

读者服务热线：(010)53913866　印装质量热线：(010)81055316
反盗版热线：(010)81055315
广告经营许可证：京东市监广登字 20170147 号
审图号：GS 京（2022）0019 号

内容提要

　　本系列丛书是国内知名的科学文化品牌果壳为青少年编著的科普读物，精选有趣又有料的科学话题，旨在通过科普阅读的形式拓展青少年的知识面，全系列分为数学、物理、化学、生物、地理5个分册。本书为地理分册，内容涉及我们生活的地球、各大洲与各国、壮美山河等。书中以阅读笔记的形式，对专业名词做了精确注释，每篇文章末尾还做了知识点总结。本书不仅仅是对地理学科知识的讲解，更着重于地理知识点在生产和生活中的实际运用，非常适合青少年读者阅读。

序

"即使我身陷果壳之中，仍自以为是无限宇宙之王。"

这是《哈姆雷特》中的一句台词，也是霍金的著作《果壳中的宇宙》名字的由来。果壳网的名字就来源于此，寓意谁都无法阻挡我们对于世界的好奇、探求真知的渴望。

少年阶段，是一个人一生中好奇心最旺盛的阶段。

可是，当下的少年，有学不完的课程和做不完的作业。我们周围有很多这样的少年。回想30年前，我们和大家一样也是少年。30年前的家长和老师，一样整天教导、督促、念叨着：只有刻苦学习才能考出好成绩，才能进入好大学，才能找到好工作……

30年的时间很长，中国的许多城市已经换了新的面貌；30年的时间也很短，中学生学习的知识似乎没有太大的改变。

我们觉得，果壳应该为少年做点什么。

于是，在几年前，我们和来自全国各地的上百个少年一起打造了"果壳少年"项目，由少年来出主意、审稿子，"果壳少年"的编辑们按照中学课本的学习进度，来组织编写文章。比如，学生们学习浮力，我们就讲自然界中的植物如何利用浮力漂洋过海传播种子；学生们学习酸碱度，我们就讲为什么胃酸没有把胃腐蚀掉……目的是打通课本知识、科学前沿和现实生活之间的界限，帮助少年们开阔视野，让孩子们知道书本里的知识并不只是干巴巴的一道道题，而是既能"高大上"，又能"接地气"。

如今，当年那些和我们一起编稿子的优秀少年们，很多已经考上了心目中理想的大学。但是这些曾经帮助过他们的文章，应该被传递下去。

于是，从这些稿件中，"果壳少年"团队精心挑选了174篇，重新编写、配图、设计、排版，以更适合中学生阅读的方式集结成书。它们是"果壳少年"团队、科学作者群、少年编委群、教研老师群共同努力的缩影和精华所在。

希望通过图书出版的方式，"果壳少年"的接力棒可以交到更多的少年手中。

多年来，果壳一直致力于"让科学流行起来"，今天果壳《给少年的科学书》要"让学习快乐起来"。

少年说

写给少年的书，让少年自己选择
特别感谢来自五湖四海、天南海北的少年编委团

我们这些少年编委是作为科学爱好者聚在一起的，平时讨论的内容也与科学相关。这种思维的碰撞、知识的交流，对我而言大有裨益——既能拓宽视野，又能增长见识，而且可以帮助我坚持对科学的爱好，长存好奇心。

—— 陕西科技大学 大一 杨若朴
曾就读于西安市西光中学

作为"果壳少年"编委，我有幸参与了科普文章的创作，见证了一篇篇文章的诞生。这些科普文章对我的影响是潜移默化的。高三时的生物考卷有很多大题是以一些前沿研究为背景的，还会有一道专门的科普阅读题。这时我才意识到，当时看过的那些文章在不知不觉中让我了解了很多科学知识，也让我具备了快速提取信息的能力。

—— 宁波诺丁汉大学 大一 厉佳宁
曾就读于北京师范大学附属中学

通过参加"果壳少年"编委的活动，我才发现相比研究，我更喜欢传播知识，并且越来越明确以后想从事教师之类的工作。无论是课间跟同学讲题，还是单纯科普一些新奇知识，我都能感觉到欣喜。这段经历对我来说是一种启蒙，尤其是在最后的夏令营中的经历如今依然在深深影响着我。

—— 天津市第四十七中学 高三 赵祥宇
曾就读于北京景山学校远洋分校

作为一个在三四线小城市长大的孩子，在参与"果壳少年"科普工作的过程中，我近距离地感受到了大城市孩子灵动的思想！这极大地触动了我，也激励了我去做一些事情拓展自己的眼界，比如广泛的阅读。

—— 广东海洋大学 大一 车诗琳
曾就读于广东高州中学

主编说

这是果壳献给少年的一份大礼

很多人说，做科普的果壳一直有"好为人师"的情怀，大家也天然觉得，果壳积累了这么多年，应该有很多适合少年看的内容吧？

但是，真正开始做"果壳少年"这个项目，我们比做其他任何一个项目都更慎重。我们反复提出策划案，反复否定，终于在2017年年底，成立了项目组。

说实话，我们怀着忐忑的心情开始做第一轮调研——和中学老师交流需求。当时，我们特别怕碰一鼻子灰，担心如果老师觉得我们的工作没有必要该怎么办。幸运的是，在调研阶段和老师们的讨论，极大地鼓舞了项目组成员。当时还在北京市第四中学任教的朱岩老师，舍弃了午休时间和我们相会在学校门口的咖啡馆。他说，果壳应该做一些学校老师没精力弄的事情。他认为，在中学阶段扩展视野，对孩子来说太重要了。

之后，我们还和中国人民大学附属中学的初中物理组老师开会讨论了中学生究竟需要什么样的文章。老师们听说果壳要专门给中学生做科普文章，都非常支持。因为老师们平时也需要想尽办法寻找各种素材，来帮助学生了解课本中的知识在真实生活中的应用,如果果壳能利用自己在科研圈和科普圈的作者和专家资源来做一些知识应用的整理,就能让教学如虎添翼。

于是,我们据此确定了自己的定位,参照初中的课标定主题。这样一来,同学们白天学到了什么知识点,晚上就能看到与之对应的科普文章。

这里汇集了一批最好的学者和科普达人

在这样的愿景下,我们在果壳内外挑选了最严谨、最专业、最适合做少年项目的科学编辑,在一个月内迅速搭建了团队,组成了一个小小的内容突击队。

组稿过程中,我印象最深刻的是策划期的打磨。

给中学生看的文章,需要格外谨慎,这是毋庸置疑的,也是果壳做内容一贯秉承的原则。但我们不知道,现在孩子们的阅读习惯和偏好是什么样的。我们只是模糊地觉得,文章不能太长、太晦涩,不然,作为课外读物就非常不合适了。

为了"迎合"他们的"口味",我们做了很多样稿,甚至尝试了一些网络文章流行的写法。但最后,我们还是否定了这些自作聪明的尝试,大家一致认为,给中学生看的应该是优质的内容和规范的文字。我们应该自己先判断出什么样的内容是优质的,这样才能让少年们知道好文章应该是什么样子的。

第一批作者是果壳作者中写作能力公认最好的学者和科普达人，有叶盛、云无心、王永亭、朱岩等。值得一提的是，我们还约了几位学生一起来创作。后来，一位学生撰写的与演化相关的文章，成了"果壳少年"发布的第一篇文章。我们想要表达的是："果壳少年"的内容是为了少年的真实需求而创作的。

这里有百里挑一的少年编委

为了更贴近中学生的阅读能力，我们的每一篇文章，都是由十几个中学生审读过的。这批由中学生组成的少年团，叫作少年编委。邀请少年编委加入的目的是，避免中学生看不懂书中的文章或者对文章内容不感兴趣。果壳微信公众号每次发出少年编委的招募通知，都收到来自全国各地的几百份申请，我们并不要求少年编委是学霸，而是要求他们有广泛的阅读，有自己的爱好，并且愿意积极参与项目，毕竟在繁重的学习中，还需要每天看3~5篇文章，这是个不小的工作量。

令我们欣慰的是，少年编委的经历，让很多孩子发现了自己的兴趣点，甚至影响了他们的大学专业选择和未来职业规划。

如今，这些精心创作的文章即将出版，如果它们能够陪伴一代又一代的青少年快乐学习、快乐成长，我想，这可能是所有参与创作的作者、编辑、老师和少年编委都希望看到的事。

刘旸

如何使用这套书

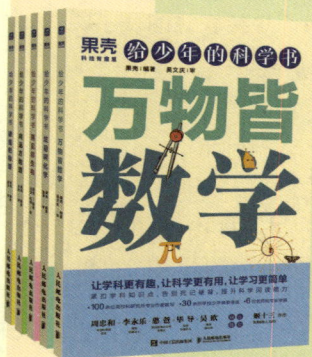

图解

这部分是对学科知识清晰而简单的提炼，你可以反复阅读，加深记忆，或者抄写、复印、剪贴到自己的笔记本上。

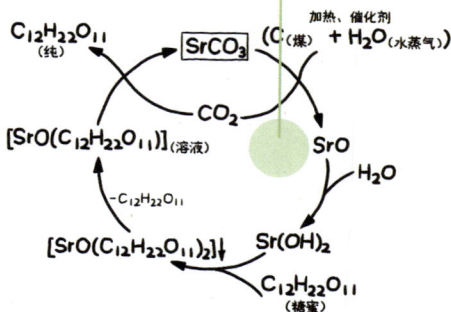

本系列书共有5册，共有174篇文章，内容涉及数学、物理、化学、地理、生物。书中的每篇文章都从中学课本的知识点出发，挑选有趣的话题和角度撰写，并配合知识点的详解和剖析，拉近课本知识和日常生活、科学前沿的距离。这套书能帮助你充分理解和熟练掌握课本知识。

金属有故事

$$C_{12}H_{22}O_{11} \text{（纯）}$$

$$SrCO_3$$

$$C \text{（煤）} \xrightarrow{\text{加热、催化剂}} + H_2O \text{（水蒸气）}$$

$$CO_2$$

$$[SrO(C_{12}H_{22}O_{11})] \text{（溶液）}$$

$$SrO$$

$$H_2O$$

$$-C_{12}H_{22}O_{11}$$

$$[SrO(C_{12}H_{22}O_{11})_2]\!\downarrow$$

$$Sr(OH)_2$$

$$C_{12}H_{22}O_{11} \text{（糖蜜）}$$

锶法制糖流程氧化锶与蔗糖能不同配比结合成种化合物，图中示了1:2结合后流程。

1849年，法国化学家首先注册了锶法制糖的专利。这项工艺在1869年被带入德国，之后被德国化学家卡尔·谢布勒改良。碳酸锶矿石在存在水蒸气的环境下煅烧后可以获得氢氧化锶。将氢氧化锶加入接近沸腾的糖蜜里，它就会和蔗糖反应生成难溶于水的蔗糖酸锶。虽然难溶于水，但是蔗糖酸锶可以溶解在氢氧化锶溶液里。再将二氧化碳通入其中，就可以还原成蔗糖溶液和碳酸锶沉淀。这样，在提取蔗糖的同时，大部分锶仍然可以循环使用。

对大多数糖厂来说，这项工艺不甚划算，**还不如把糖蜜直接拿去当饲料或是酿酒**。不过，德国本身有丰富的锶矿，因此谢布勒强烈推荐糖厂使用这项技术增加糖的产量。在第一次世界大战之前，甜菜制糖每年会使用10万~15万吨氢氧化锶。直到20世纪初，这项工艺仍在使用，不过用的是更廉价易得的钙而不是锶。

糖蜜是制作朗姆酒的主要原料。

正文

在阅读文章的过程中，你就会发现课本里的知识不再是冷冰冰的一道道题，比如学习摩擦力，你可以从沙堆、混凝土大坝，甚至指纹里找答案；学习排列组合，你可以在宿舍中找例子；学习季风，你可以和诸葛亮、曹操"聊聊天"……其实课本知识就在身边！

笔记区

当你看到感兴趣的部分、与课本知识点联系紧密的部分，又或者是重点内容、关键信息、存在疑问的内容等，可以把它们记录在此处。这也是提高科普阅读水平的好方法！

是不是跟你想的不太一样……没错，这勺沥青一样黑乎乎的黏稠液体就是糖蜜了。

锶的另一种常见的用途是制造烟花，烟花绚丽的色彩主要利用了金属的**焰色反应**。当金属及其盐类燃烧时，原子中的电子吸收了能量，会由能量较低的轨道跃迁到能量较高的轨道上，但是这些电子并不稳定，很快就会以光子的形式辐射出来。由

焰色反应是因为原子中电子能量的改变而产生的，它是一种物理变化。

重点词

与学科相关的知识点，值得你重点关注。

于它们的能量变化各不相同，所以不同金属燃烧时发出的光的颜色也各不相同。例如铜元素燃烧是绿色的，钠元素燃烧是黄色的，铯元素燃烧是浅紫色的，而红色的烟花，则是放入了锶盐之后的结果。

随着科技的发展，锶的用途也在不断变更，只有制作烟花这一用途从古至今一直没变，它鲜红的焰色反应在夜空中一直都格外动人。

知识点

很多金属或它们的化合物在燃烧时都会使火焰发出特殊的颜色，这在化学上被称作焰色反应。

知识点

来自课本的知识点，在读完文章之后，你可以重点复习一下。

69

批注

对学科知识点的解释，你可以多读几遍，熟练掌握学科知识。

目录

祖国山河

地球看起来像土豆？

■ 杨帅斌

网上曾流传过一张"长相丑陋"的地球照片，号称是把地球上的水抽干后的样子，跟我们通常所认为的地球形状大不相同，这是怎么回事？地球到底长什么样呢？

从"天圆地方"到"地圆说"

想要知道我们所在的地球是什么形状可不容易，人类对地球形状的认识也在随着科技的发展不断发生变化。

最初，人们只能根据有限视野内的景象来判断地球的形状。许多人认为大地是平坦的，天和海在遥远的边缘相连，我们常说的"地平线"便是这种观点最直观的体现。

我国《周髀算经》中"天圆如张盖，地方如棋局"的记载展示了当时人们"天圆地方"的认识。古希腊人则认为大地是四周

难道"丑土豆"才是地球的真实样貌？

被海水包围的大圆盘，海的边缘连接着圆形天幕似的天穹。

随着经验的丰富和知识的积累，人们逐渐意识到地球是个球体。《浑天仪注》中写道："浑天如鸡子，天体圆如弹丸，地如鸡中黄，孤居于内。"该书作者认为地球像鸡蛋里面的卵黄一样，是一个球体。

后来的人们还发现了很多证明地球是球体的证据，比如对于远处驶来的船，先看到船桅后看到船身。再后来，**哥伦布**在这一思想指导下，误打误撞发现了美洲大陆。

哥伦布发现了美洲大陆。麦哲伦船队首次完成了环球航行，证实了地球是一个球体。加加林首次进入太空，目睹了地球的真实形状。

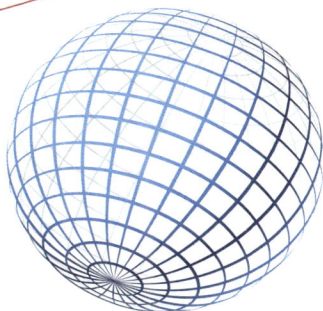

地球到底是个什么球？

牛顿也思考过这个问题，他认为地球应该不是一个标准的球体，由于地球不停地自转，**赤道地区离心力最大，被拉变形的程度最严重，地球也就成了一个两极稍扁、赤道略鼓的不规则球体，学名叫"旋转椭球体"。**

科学家后来经过测算发现，**赤道的平均半径果然比两极的平均半径长21.5千米左右，**如果我们按照这个结果制作一个

真实的地球赤道半径大于极半径，但地球的模型——地球仪则被制作成标准的球体。

地球的平均半径约为6371千米，最大周长约为4万千米，表面积约为5.1亿平方千米。

半径为3米的地球仪，赤道半径只比两极半径长1厘米，肉眼看起来还是非常圆的。

地球的表面又是什么样的呢？身处地球表面的我们，总看到那些高大雄伟的山脉和深不见底的峡谷，可能很难相信地球会这么圆，然而最高的山峰（珠穆朗玛峰）和最深的海沟（马里亚纳海沟）垂直距离加起来也不到20千米，对地球来说这些就如同足球表面的花纹一样。所以，即使抽干地球上的水，地球看起来依然是个比较圆的球体。

对地球形状的3种理解

可是，地球形状真的这么简单吗？那一开始的那张"长相丑陋"的照片又是怎么回事呢？

这就需要深究一下，地球形状到底指的是什么？一般有3种理解。

从月球上看到的地球。

第一种是指我们能直观感受到的地表起伏的所有集合。根据精度的不同，复杂程度也不一样，比如精细到厘米的话，我把一块石头从山下背到山上，地球形状就发生了变化。

第二种是指前文所说的"旋转椭球体"，这也是地球的理想模型。根据不同需求，也有多种模型可以选择，在数学和物理计算中经常会涉及。

第三种是指大地水准面，是大地测量学的基础，算法不同，结果也不同。假想地球表面全部被水覆盖，当这些水都水平静止不流动的时候，形成的表面形状就是大地水准面。

因为地球内部不均匀，产生的重力也不均匀，所以这个形状是很不规则的，把高差放大很多倍后就成了前文中提到的"地球抽干水后的样子"。

如果有一天你能飞离地球，你一定会像第一个飞出地球的加加林一样一眼就能认出地球的形状：是谁说地球像个丑土豆的！地球明明是个圆滚滚的球体，和小时候玩的玻璃球形状差不多啊！

知识点

地球的形状

地球是一个两极稍扁、赤道略鼓的不规则球体。

没有哥伦布，就没有炸薯条

■ 阿蒙

我们生活的地球，是一个水的世界，陆地只约占地球表面的29%。广袤的大海，阻隔了陆地之间的交流。古人也曾站在一望无际的海边，幻想着海的那一边究竟是什么。

打破海的阻隔一直是人类的梦想。中世纪结束之后，欧洲人越来越相信"地球是圆的"，憧憬着海洋那一边的梦幻东方，幻想着地球另一端的宝藏。

不过，地球给欧洲人开了一个玩笑。最早到达美洲的探险家哥伦布，深信从**大西洋**出发向西到达的大陆是满地黄金的中国和印度（其实是当时未知的美洲大陆）。

为了黄金和香料而来的哥伦布，以为自己到达了印度，于是加勒比海上的美丽群岛便成了"西印度群岛"，而新大陆的古老居民也被欧洲人错认为是"印度人"（Indian）。这个误会让美洲原住民有了一个原本不属于他们的称呼。

> 海洋约占地球表面的71%，陆地约占地球表面的29%。海陆分布不均。以任何方式平分地球形成的两个半球，都是海洋面积大于陆地面积。陆地面积北半球多南半球少，东半球多西半球少。

> 大西洋是世界第二大洋。

美洲原住民族传统服饰。

随着哥伦布的探索，还有很多物种渐渐从美洲传到了欧洲或从欧洲传到了美洲，整个世界也随之发生了变化。

不仅发现了新大陆

类似的有趣故事还发生在植物身上。如今在海南栽培的黄灯笼辣椒（*Capsicum chinense*），原产自西印度群岛，却被欧洲人称作"中华辣椒"，正是因为命名人误以为加勒比地区属于中国。其实，中国种植的辣椒的种子是葡萄牙人从遥远的西方带来的。

第一个把辣椒带到欧洲的是西班牙人。在西班牙国王的资助下，哥伦布为寻找通往东方的新航海路线，带着他的船队首次横渡大西洋，以求带回亚洲的黄金和香料，包括产自印度的胡椒。

哥伦布发现美洲之前，到达东方的唯一航线是绕过非洲好望角。

西班牙人歪打正着地找到了印第安人的黄金，却没有找到真正的胡椒，而是从印第安人那里认识了辣椒。而把持着通往东方航线的葡萄牙人绕过**非洲好望角**，又将辣椒带到了中国。辣椒

黄灯笼辣椒学名中的"*chinense*"意为"中华"，但其实辣椒的家乡在美洲。

19

走出美洲已有几百年，但是它的英文名"hot pepper"却透露出它曾经是"胡椒的替身"。

新大陆的发现，让很多原来根植于那里的农作物也传遍了全球。马铃薯、番薯、番茄、玉米等作物，因为产量大和适应能力强而成了全世界人民餐桌上的常见食物。不过，欧洲人初次见到这些"奇形怪状"的食物时，却有些"下不去嘴"。

黑胡椒干燥的未熟种子（黑色）。

吃了番茄会变成狼人？

其中的番茄，最早被西班牙人当作观赏植物，从南美洲安第斯山脉的热带雨林带到了欧洲。之后，英国有位公爵在南美洲探险，他也将番茄带回英国，并当作爱情的礼物献给了他的情人。从此，番茄得到了"love apple"的美名。

番茄是茄科番茄属的植物，然而欧洲人对茄科植物印象并不好，因为他们总会把茄科植物和女巫联系起来。北欧人认

全身有毒的茄科植物——颠茄（*Atropa belladonna* L.）。

为番茄和颠茄一样，是威胁贞洁的植物，它被当作埃及艳后的诱饵而遭到拒绝；德国人的想象力更丰富，他们甚至认为吃番茄后会变成狼人，还给番茄起了个可怕的名字——狼桃。

意大利人在1692年把番茄写进了食谱，英国及北欧国家到18世纪中叶才勉强接受番茄的美味。而在北美洲，如果不是第三任美国总统托马斯·杰斐逊大力推广，估计汉堡里不会出现番茄片。

美洲分为北美洲和南美洲，两大洲之间的分界线是巴拿马运河。

"野蛮人的食物"

有着同样遭遇的还有马铃薯。西班牙人让欧洲认识**美洲**的同时，也认识了马铃薯，成了欧洲最早吃马铃薯的人。

虽然从印第安人那里知道马铃薯"能吃"，但西班牙人认为马铃薯是"野蛮人的食物"。另外，马铃薯也拥有类似天仙子

21

不同品种的马铃薯。

一份英式炸鱼薯条。

（一种茄科植物）一样"恶心的"绒毛，更让他们对它敬而远之。

西班牙是航海大国，长期的航海让很多船员因缺乏维生素C而罹患坏血病，痛苦不堪，甚至丧命。当时的人们并不清楚坏血病与新鲜蔬果的关系，但是西班牙人发现马铃薯对坏血病有预防效果。于是，耐储存的马铃薯便成了西班牙海上长途旅行中重要的食物。尽管如此，在欧洲本土依然没有多少人吃这种"奇怪的东西"。

欧洲人的傲慢与偏见，最后也没有阻挡马铃薯"统一欧洲"的大业。几次饥荒过后，北欧最先接受了这种不畏寒冷的农作物。荷兰、爱尔兰、德国、俄罗斯先后把马铃薯拥入臂弯。看着邻居们战胜饥荒后渐渐强大，物产丰富的法国和意大利也投入了马铃薯的"怀抱"。

但是当时的英国人对马铃薯仍有很大的偏见，觉得马铃薯会让人懒惰，会让穷人拒绝工作。不过，如今在这个曾经厌恶马铃薯

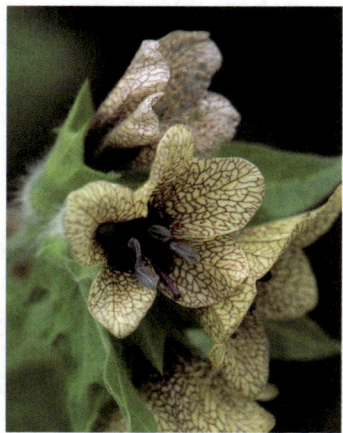

开花的天仙子
（*Hyoscyamus niger* L.）。

的国家，当被问及什么食物是"最英国"时，每个英国人都会瞪大眼睛说："fish and chips（炸鱼和薯条）！"

就这样，随着哥伦布的脚步，一些美洲植物也从美洲大陆来到欧洲，继而传遍了全世界，影响着各地人们的生活。假如没有哥伦布，我们餐桌上也许会失色不少，可能就连家常菜地三鲜（主料为茄子、马铃薯、青椒）也只能停留于红烧茄子的阶段了。

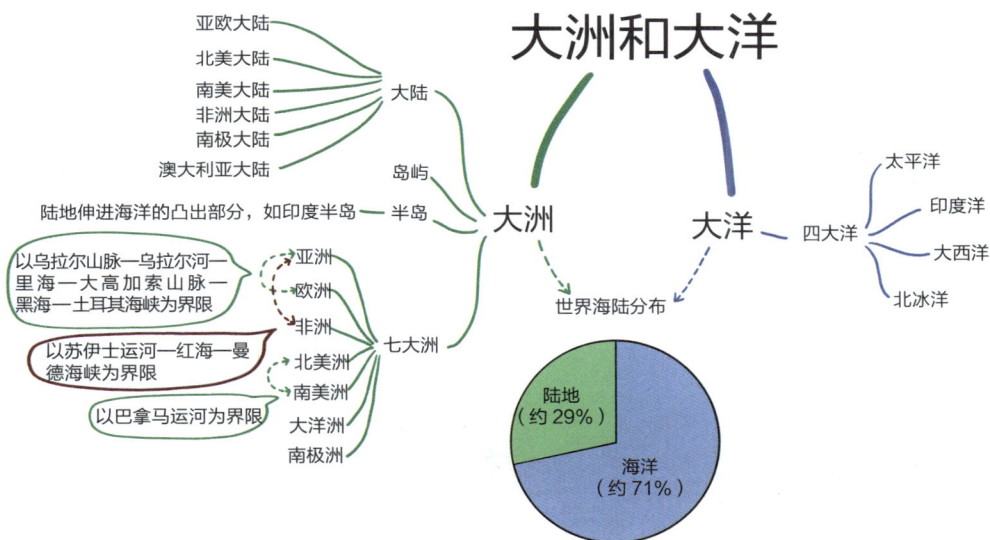

大洲和大洋

- 大陆
  - 亚欧大陆
  - 北美大陆
  - 南美大陆
  - 非洲大陆
  - 南极大陆
  - 澳大利亚大陆
- 岛屿
- 半岛 —— 陆地伸进海洋的凸出部分，如印度半岛

大洲
- 七大洲
  - 亚洲
  - 欧洲 —— 以乌拉尔山脉—乌拉尔河—里海—大高加索山脉—黑海—土耳其海峡为界限
  - 非洲
  - 北美洲 —— 以苏伊士运河—红海—曼德海峡为界限
  - 南美洲 —— 以巴拿马运河为界限
  - 大洋洲
  - 南极洲

世界海陆分布

陆地（约29%）
海洋（约71%）

大洋
- 四大洋
  - 太平洋
  - 印度洋
  - 大西洋
  - 北冰洋

知识点

七大洲：按面积从大到小依次为亚洲、非洲、北美洲、南美洲、南极洲、欧洲、大洋洲。

四大洋：按面积从大到小依次为太平洋、大西洋、印度洋、北冰洋。

人工制造洪水拯救三角洲

■ 马程

在人们的认知中，**洪水**和猛兽的等级一样，令人望而生畏。"大禹治水"和"李冰治水"的典故流传至今，皆因洪水祸害无穷，威胁着人们的生活，甚至生命安全。

> 洪水常常威胁沿河、湖滨、近海地区的安全，甚至造成巨大灾害。

而美国却做过一件令人咂舌的事情——人工制造洪水。洪水是别人避之不及的"祸害"，为什么美国却要主动找上门去呢？

> 科罗拉多河是一条位于美国西南部、墨西哥西北部的河流，其流域涵盖美国的 7 个州及墨西哥的 2 个州。

奄奄一息的三角洲

美国的**科罗拉多河**曾经面临严重的干旱，其**三角洲**的生

> 河口冲积平原。江河自上游奔流而下，裹挟大量的泥沙，在流经下游地区时地形平坦，在海水顶托的作用下，流速减缓，泥沙沉积，形成三角洲。

胡佛水坝。

> 一座位于科罗拉多河布莱克峡谷河段之上的混凝土重力式拱坝。

态系统变得非常脆弱。为了解决这个问题，美国政府竟然与墨西哥政府签订了一项"人造洪水条约"。条约规定，每年将从胡佛水坝形成的水库——米德湖释放1.3亿立方米的水量，用于模仿天然洪水的流态，让其流入南部的河口三角洲。

条约实施不久后，人们发现许多的杨柳开始重新发芽。随着植物的繁盛，鸟类也开始成群结队地前来筑巢。河口三角洲植被渐渐恢复，这使得当地19种关键鸟类的数量增加了49%。

洪水究竟有什么魔力，可以让"奄奄一息"的三角洲"重获新生"呢？

缔造湿地神助攻

奥卡万戈三角洲是一片沼泽湿地，位于非洲南部的博茨瓦纳西北部。它也是世界上最大的内陆三角洲，由奥卡万戈河注入卡拉哈里沙漠而形成，然而大部分水会因蒸发而流失。这片绿洲能够保持生机勃勃，靠的正是每年暴雨期形成的洪水。据统计，

第1000项世界遗产——奥卡万戈三角洲，2014年被联合国教科文组织列入《世界遗产名录》。

三角洲的面积在洪水泛滥期可扩展至20 000多平方千米，在低潮期则萎缩至不到9000平方千米。

洪水的搬运和堆积作用是湿地沉积物的重要来源。通常来说，大规模的洪水不仅流量大，而且流速快，对河底泥沙的冲刷和挟带作用也大。同时，洪水还会侵蚀河岸，这样洪水挟带的泥沙等悬浮物质的含量也就比较高。因此，洪水泛滥区沉积物的沉积厚度大，且沉积速率高，这些泥沙沉积正是湿地形成的基础。

改善土壤的补水达人

洪水是洪泛湿地，尤其是干旱和半干旱区湿地的重要水源。洪水挟带营养物质进入洪水泛滥区，可以补充湿地地表水和扩大洪泛湿地的面积，还能促进地表水的循环和更新，从而维持其健康状态，为洪泛湿地鱼类和其他生物提供良好的生存环境。

位于嫩江中游的齐齐哈尔扎龙湿地。

我国**松嫩平原**沼泽湿地的水源补给，主要就是依靠河流的洪水泛滥才能够维持。同样的情况也出现在澳大利亚。据统计，澳大利亚大约70%的区域为干旱少雨区，上百平方千米的湿地靠河流不定期的泛滥作用而得以维持。

洪水来袭后，土壤处于淹水状态而形成缺氧环境，土壤微生物以厌氧菌为主，各种动植物残体分解缓慢，有机物质的积累速度超过其分解速度，从而实现土壤的"丰收"（有机物质积累）。前文提到的奥卡万戈三角洲在洪水泛滥期间，土壤中氮和磷的含量也会明显增加。

此外，洪水还对**土壤盐碱化**有一定的缓解作用。季节性洪水的到来，使土壤表层盐分被溶解，溶入水中随水而去；土壤下部的盐分因水压的作用，自土壤上层向下层乃至向地下水转移。地

松嫩平原主要由松花江和嫩江冲积而成，位于黑龙江省西南部和吉林省西北部。

土壤盐碱化是指土壤中所含的盐分影响到作物的正常生长。严重的盐碱土壤地区，植物几乎不能生存。

土壤盐碱化。

表土层中盐分含量因此降低,从而缓解了土壤的盐碱化程度。

　　洪水虽然有时会给人类造成巨大的损失,但是洪水的到来带来了大量泥沙沉积,为土地提供更多的养料养分,让土壤更肥沃,同时还扩大了陆地面积,改变了洪泛区的水量,更新了土壤的物理化学环境。

　　这些变化有助于退化湿地景观的恢复,从而维持生物多样性和较高的生物量,使洪泛区(尤其是湿地)成为物种生命活动活跃的区域。从这个角度来看,洪水竟然摇身一变,从"人间祸害"成了造福一方水土的"有功之臣"。

常见的自然灾害

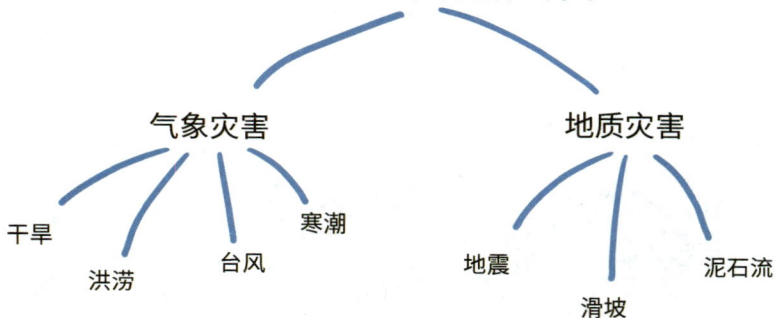

气象灾害

干旱　洪涝　台风　寒潮

地质灾害

地震　滑坡　泥石流

知识点

自然灾害

自然环境经常发生异常变化,其中有些会造成资源破坏、财产损失、人员伤亡等危害,这样的异常变化叫作自然灾害。

世界最干旱的地方在海边？

■ 马程

提到干旱，人们很容易想到世界最大的沙质荒漠——**撒哈拉沙漠**。可是，面积相当于一个中国，同时拥有世界上最高的蒸发率的撒哈拉沙漠，还不算是世界上最干旱的地方。

撒哈拉沙漠是世界上最大的沙漠，位于非洲北部，西自大西洋，东至红海，北起阿特拉斯山麓，南至苏丹。

　　"世界干极"的桂冠属于南美洲西海岸中部的阿塔卡马沙漠，这里的年平均降水量小于0.1毫米。更有记载显示，从1570年到1971年这长达400年的时间里，这里几乎滴水未降。

世界年降水量分布的一般规律是赤道附近地带降水多；两极地区降水少；南北回归线两侧，大陆东岸降水多，大陆西岸降水少；中纬度沿海地区降水多，内陆地区降水少。

"天上飘落一粒沙，从此形成了撒哈拉"。

阿塔卡马沙漠。

阿塔卡马沙漠的俯瞰图。

生在海边的"世界干极"

美国的一个科学考察团队曾经这样描述这片"死亡之地":这是一个几乎没有生命的地方。

这样一个干旱至极的"生命禁区",竟然濒临着世界上最大的大洋——太平洋。一般来说,海洋可以为陆地带来丰沛的水蒸气和降水,这里为什么会如此干旱呢?

在高纬度与低纬度之间由于冷热不均会出现气压差异,在气压梯度力和地转偏向力的作用下,形成地球上的大气环流。

阿塔卡马沙漠地处南纬18°~28°,在**大气环流**影响下常年受到**副热带高压**控制,会形成下沉气流。下沉气流气温高,不容易成云致雨,它不像上升气流那样,气流在上升过程中发生冷凝,容易成云致雨。

是指存在于副热带地区,一般指南北纬20°~35°的暖性高气压系统,它是全球大气环流的一个重要成员。盛行下沉气流,空气增温强烈。同时,晴朗少云,降水稀少,往往出现高温干旱天气。

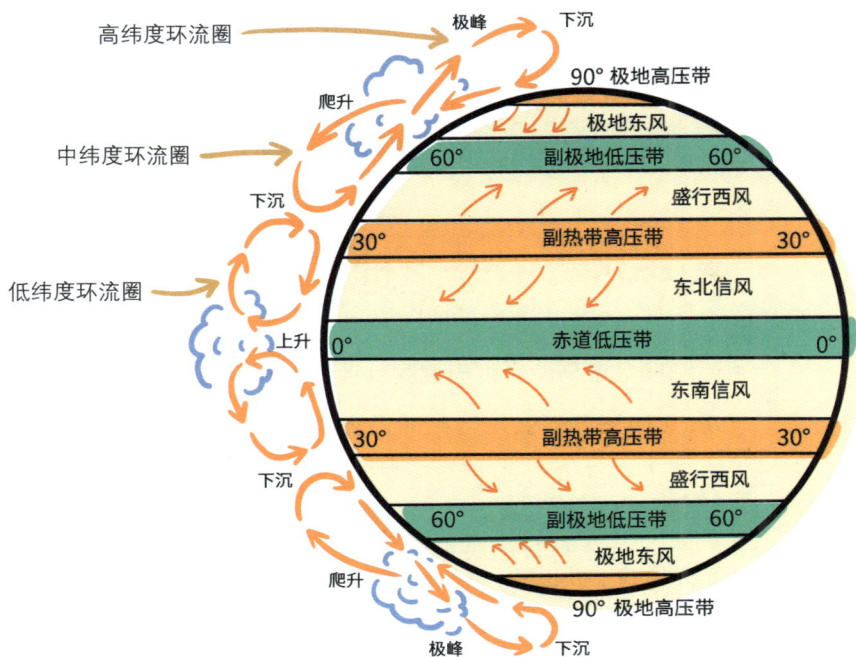

高纬度环流圈 → 极峰 下沉
爬升
90° 极地高压带
极地东风
中纬度环流圈 → 60° 副极地低压带 60°
下沉 盛行西风
30° 副热带高压带 30°
低纬度环流圈 → 东北信风
上升 0° 赤道低压带 0°
东南信风
30° 副热带高压带 30°
下沉 盛行西风
60° 副极地低压带 60°
极地东风
爬升
90° 极地高压带
极峰 下沉

同时，阿塔卡马沙漠地区还会受到东南信风的影响。在这个地区，东南信风由陆地吹向海洋，形成离岸风。这就使得海洋的水汽不仅无法到达陆地，反而离陆地越来越远。而且，这里还是**秘鲁寒流**的必经之处，在寒流降温减湿作用的影响下，降水就变得更加艰难了。就这样，在下沉气流、东南信风和秘鲁寒流三者的共同"合作"下，阿塔卡马沙漠也就"轻而易举"地成为"世界干极"。

> 秘鲁寒流使深层海水上涌，带来了丰富的养料，利于鱼类生存，形成了世界上最大的渔场之一——秘鲁渔场。

不过，就是这么一个人迹罕至、极端干旱的地方，竟然还引得众人为了这里大打出手，甚至不惜发动战争。

抢手的"不毛之地"

阿塔卡马沙漠位于玻利维亚、秘鲁、智利和阿根廷四国交界处,在西班牙殖民统治时期还未明确划定归属。到了18世纪中期,人们在那里发现了两种宝贝:"鸟粪"和硝石。"鸟粪"指的是磷酸盐矿(一种优质的有机肥料);而硝石则是兵工厂用来制造火药的重要原料,具有很高的战略价值。于是,这块"烫手的山芋"一时间变成了四个国家争夺的宝地。

智利于1879年4月5日正式向秘鲁和玻利维亚两国宣战。这次战争被称为"南美太平洋战争",也被称为"硝石战争"或"鸟

秘鲁南部海岸的巴列斯塔斯群岛,也被称为"穷人的加拉帕戈斯群岛",因为那里有丰富的野生动物,包括洪堡企鹅和秘鲁鲣鸟。岛上的岩石覆盖着鸟粪,可以用作肥料。

粪战争"。战争以智利胜利而告终,玻利维亚则丧失了安第斯山脉与太平洋沿岸之间的全部领土,变成了一个没有出海口的内陆国,这也严重影响了其经济的发展。

如今,战争的硝烟早已散去,阿塔卡马沙漠又变成科学家眼中的"宝贝",而这却是因为阿塔卡马沙漠极端的自然环境。

不可多得的科研宝地

阿塔卡马沙漠被认为是地球上最接近火星自然环境的地方。地质资料表明,阿塔卡马沙漠的极端干燥环境可能至少存在了1000万~1500万年,使得其土壤的化学成分与火星土壤的化学成分非常相似。

知名的射电天文观测设备——阿塔卡马毫米/亚毫米波阵列望远镜,就建造在阿塔卡马地区的查南托高原上,主要用于获得有关星系和行星演变的数据。

2017年，来自美国、智利等国的20多位科学家组成的研究小组首次在阿塔卡马沙漠进行了火星探测器KREX-2的测试（该测试持续到了2019年）。该研究小组表示，探测器的钻头已经成功钻入2米深，并提取出3个用来研究生命迹象的样本。

阿塔卡马沙漠独特的自然环境，不仅得到了NASA（美国国家航空航天局）的青睐，还吸引了各国的天文学家。凭借海拔较高、空气干燥和云层稀薄的特点，阿塔卡马沙漠还成为全球最佳的天然观星地之一。

虽然阿塔卡马沙漠极度干旱，罕有生命的迹象。但也正是这样极端的自然环境，为寻找火星生命和天文观测提供了优越的条件。从这个意义上来讲，这片"死亡之地"绝对称得上是一块宝地。

知识点

从大气中降落的雨、雪、冰雹等，统称为降水。降雨是主要的降水形式。

地图的故事

■ 马程

1492年，"航海发烧友"哥伦布从西班牙出发，一路西行寻找遥远的东方，最终却发现了美洲大陆。这是一次改变人类历史的航行。新航路的开辟结束了世界各地相对孤立的状态，各地的文明开始交融会合，逐渐连成一个整体。

当初跟随哥伦布一同航行的，除了3艘帆船、87名水手，还有一本非常重要的地图集——《地理学指南》。这本地图集的作者是公元2世纪的地理学家克罗狄斯·托勒密。

埋没了1300年的"全能学霸"

托勒密生于埃及，父母都是希腊人。他饱读各类书籍，不仅是赫赫有名的地理学家，同时也是数学家、天文学家、占星学家和光学家，堪称"全能学霸"。

托勒密一生写下了诸多著作，《地理学指南》便是其中之一。不过，同许多曾经被埋没的巨著一样，《地理学指南》在当时并没有引起应有的重视。直到1300多年后，一个走街串巷收集古籍的神父，偶然间在罗马发现了无人问津的《地理学指南》手稿。

托勒密在书中详细说明了如何采用两种方法将地球投

影到平面上,还**提出了比例尺问题**,并且**明确了地图应该"上北下南"**。直到今天,这些理论仍然是地形图和世界地图绘制的标杆。

第一种投影法,以悬在北方上空的一个点H为中心,然后画出由这个顶点向南辐射开来的放射状经线;纬线也以这个顶点为中心,呈弧形分布。这种投影法在赤道以北的地区完全符合今天所说的圆锥投影。

根据这种方法绘制的世界地图,在北纬36°的纬线上,东西距离与南北距离之间的比例是正确的,而从这条基准纬线出发,越是向南或向北,比例差异会越大。特别是在赤道以南的地区,纬线的实际长度应当是越来越短的,但地图上的纬线却越来越长了。

对于第一种投影中的比例差异,托勒密设法做了一些弥补,但依然不够理想。于是,托勒密又发明了第二种投影法,即选取北纬23°50′的纬线作为中心线,且纬线都画成曲线。

以中央垂直经线为中心，其他的经线也都被画成曲线，两边各18条，每条经线之间相隔5°；距离中央垂直经线越远，经线的弯曲程度就越大，类似于今天的伪圆锥投影。用这种方法绘制而成的地图，虽然东西距离与南北距离之间的比例更加真实，但绘制起来非常困难，因为任意一条经线与中央垂直经线之间的夹角都成了变数。

并不精确的地图

1477年，意大利出版的《托勒密地图集》中的第一幅地图就是依据托勒密投影法绘制的扇面形世界地图，后人将这类世界地图称为"托勒密扇子"。

以现在的眼光来看，书中的**地图**并不精确。那时，"北美大陆"还没有被发现，印度洋还是一片浩瀚且封闭的海洋；非洲和南极紧紧相连，赤道环线寸草不生；中国的面积被高估，世界却被描绘得太小。而这幅世界地图让托勒密的"狂热粉丝"哥伦布，将自己遇到的第一片新陆地当作了神秘的印度。

阅读地图，还要学会认识图例。地图上的图例中有各种符号，它们都表示一定的地理事物。

在没有望远镜、计算机和卫星的时代，很难想象托勒密是如何完成对世界信息的认知的。虽然托勒密的地图与真实的世界有一定的差距，但是他让人类对地球有了整体的"世界"认知，其俯瞰世界的角度领先于其他所有国家绘制的地图，也影响了世界的航海活动。

托勒密是当之无愧的"世界地图之父"，其创造的投影法被誉为古代世界"最卓越的创造之一"，同时也为科学制图奠定了基础。

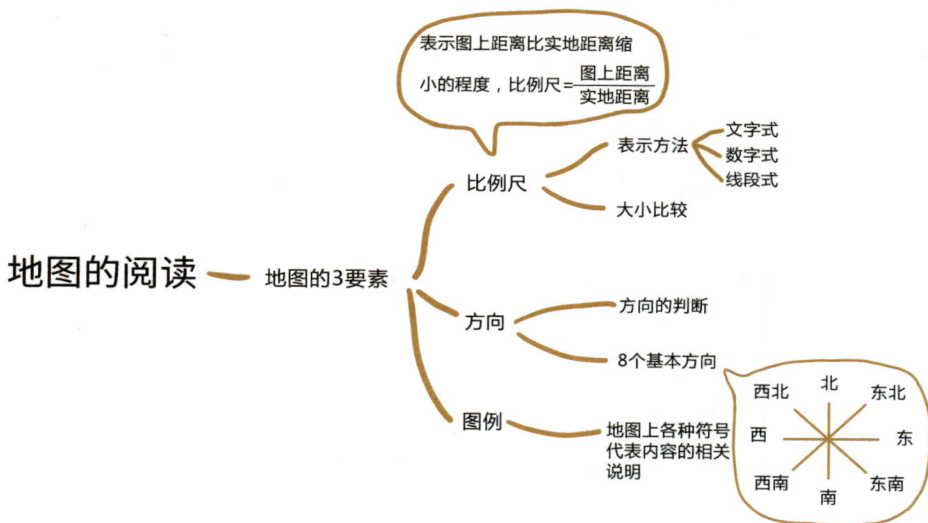

地图的阅读 —— 地图的3要素

- 比例尺
  - 表示图上距离比实地距离缩小的程度，比例尺 $=\dfrac{图上距离}{实地距离}$
  - 表示方法
    - 文字式
    - 数字式
    - 线段式
  - 大小比较
- 方向
  - 方向的判断
  - 8个基本方向

西北	北	东北
西		东
西南	南	东南

- 图例
  - 地图上各种符号代表内容的相关说明

知识点

地图的阅读

地图是运用各种符号，将地理事物按照一定比例缩小以后表示在平面上的图像。比例尺、方向和图例是地图的"语言"，阅读地图应当明确这些"语言"的含义。

我们生活的地球

亚洲是如何长大的?

■ 溯鹰

巍巍亚洲,承载着数之不尽的自然故事与人文历史。**它不仅是中华文明、古印度文明、两河流域文明等人类古老文明的发源地,也是当今世界人口最多的大洲。**

它雄踞于东半球,坐拥地球上最大的陆地面积。你可能想象不到,我们今天的亚洲是由好多个古老的小小板块碰撞之后形成的—— 一个不太准确的比喻是,一个接一个小板块"焊接"在一起,形成了亚洲。

以我国为例,是由三个最主要的板块构成的:华北板块、扬子板块、塔里木板块。华北板块和扬子板块之间的"焊接带"就是秦岭;而青藏高原,则是印度板块和塔里木–扬子板块之间的"焊接物"。

科学家是怎么发现亚洲是被"焊接"起来的呢?我们先来举个例子。

> 亚洲绝大部分地区位于北半球和东半球。亚洲占据了亚欧大陆的大部分,北、东、南三面环绕着北冰洋、太平洋和印度洋。

被称为"世界屋脊"的青藏高原位于喜马拉雅山脉和塔克拉玛干沙漠之间,由于印度板块和塔里木–扬子板块相互运动而被"挤压"出来。

把一杯泥沙混杂的水静置一段时间，杯中的泥沙会根据密度分层。沙子沉到杯底，然后是泥土，如果此时还有一些小木屑，则会漂在水面上。地球也同样如此。

地球的主要成分是铁、镁、硅、铝、氧、镍……地球在刚形成时，还是一个炽热的岩浆球。由于铁、镍的比重最大，它们倾向于沉到地球最中央，构成富含铁、镍的地核，其次是镁，它们浮在地核之上，形成镁铁质的地幔。至于钠、铝、钾，以及硅，由于比重比较轻，就漂到了地球最表面，当这些物质慢慢结晶凝固时，地球表面富含钠、铝、钾的部分，就结晶成了许多以长石、石英为主的小板块。

由于这些小板块比重很轻，哪怕长期遭受构造作用，也不会沉到地幔中。大陆的雏形，正是由这些原始的小板块组成。

按大陆漂移假说，任何一个小板块，在漫长的地质历史中都会不停地漂移。地球表面总共就这么大，小板块们存在了成万上亿年，难免要撞到一起。它们一旦碰撞，就有可能"焊接"到一起，形成一个更大的板块。

"焊接带"喜马拉雅山脉，就是由碰撞时没有破坏完的海洋地壳，以及板块相撞时前端破碎部分混杂而形成的，这些混杂物一般堆得很高，人类会把它们叫作"造山带"——对这些区域进行地质考察，科学家们就能得出亚洲是由小板块"焊接"而成的结论。

喜马拉雅山脉是世界上最高的山脉，四周分布着较低的地形单元。受到地形的影响，亚洲的大河多发源于中部山地、高原，呈放射状流向周边的海洋。

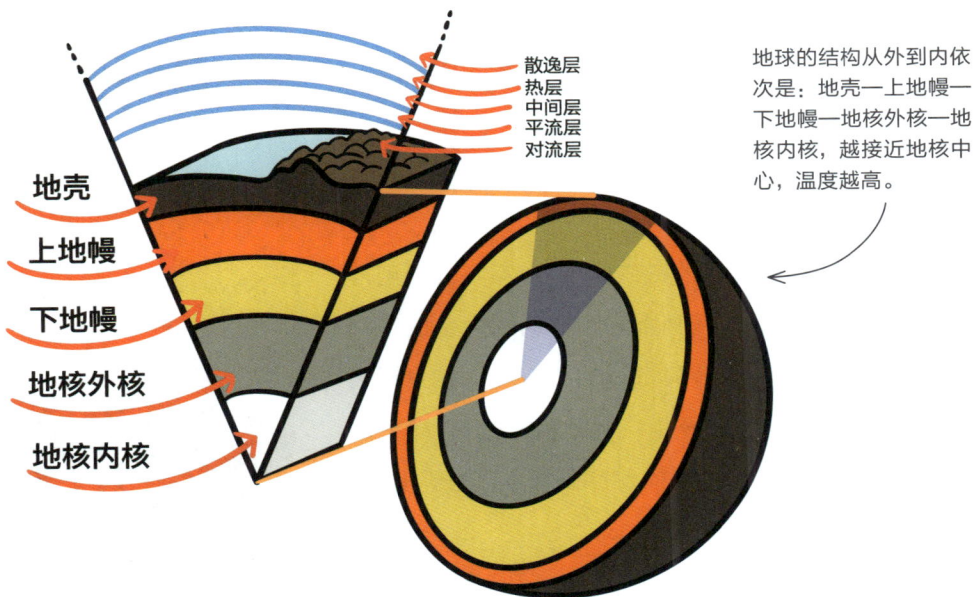

散逸层
热层
中间层
平流层
对流层

地壳
上地幔
下地幔
地核外核
地核内核

地球的结构从外到内依次是：地壳—上地幔—下地幔—地核外核—地核内核，越接近地核中心，温度越高。

同理,亚洲北侧也是如此,在西伯利亚板块与塔里木–华北板块之间,以前是分布着众多岛屿的大洋。

所有这些板块和"焊接物",在漫长的地质历史时期,逐步凝固成一个越来越大的整体,构成了现在的亚洲。

知识点

亚洲地势起伏很大,中间以青藏高原和帕米尔高原地势最为高峻,四周分布着较低的地形单元。

谁赐予日本美味的鳗鱼饭？

■ 顾有容

提起**日本**的传统美食，大家都会想到寿司和刺身，这两种食物都会用到大量的鱼和其他海产品。确实，海产品在日本人的食谱里占了相当大的份额，根据联合国粮农组织的统计，日本的海洋捕捞产量能排进世界前五，是不折不扣的渔业大国。

渔业和洋流

"因为日本是个四面临海的岛国啊，靠海吃海嘛。"这句话没错，但不全面，靠海的国家并不一定能成为渔业大国。

占据了地球表面约71%的海洋，并非处处生机盎然。海洋里的初级生产者是浮游植物，它们的光合作用所产生的有机碳支撑起了海洋生态系统。热带和亚热带的大洋缺乏氮、磷、铁等营养元素，浮游植物很少，也就养

其领土由北海道、本州、四国、九州4个大岛及其附近一些小岛屿组成。

图为用虾、蟹、鱼等海产品制作的日本传统美食——寿司，"靠海吃海"的日本每年都会消耗大量的海产品。

看起来像蛇的鳗鱼。

活不了其他海洋生物，因而被称作海洋中的荒漠。寒带的海水中营养元素含量很高，但较低的水温和日照强度又限制了浮游植物的生存和光合效率。

所以，来自热带和寒带的洋流交汇的地方，往往具有特别适合浮游植物生存的环境，从而能形成大型的渔场。日本人能捕捞这么多鱼，很大程度上得益于两条从日本东面流过的洋流——黑潮和亲潮。

黑潮和亲潮

黑潮，又叫日本暖流，是世界第二大洋流。它在太平洋西部由南向北流动，把温暖的热带海水带到北方。黑潮的年平均水温是24~26℃，比临近海域高出7~10℃，冬天甚至能高出20℃。在这

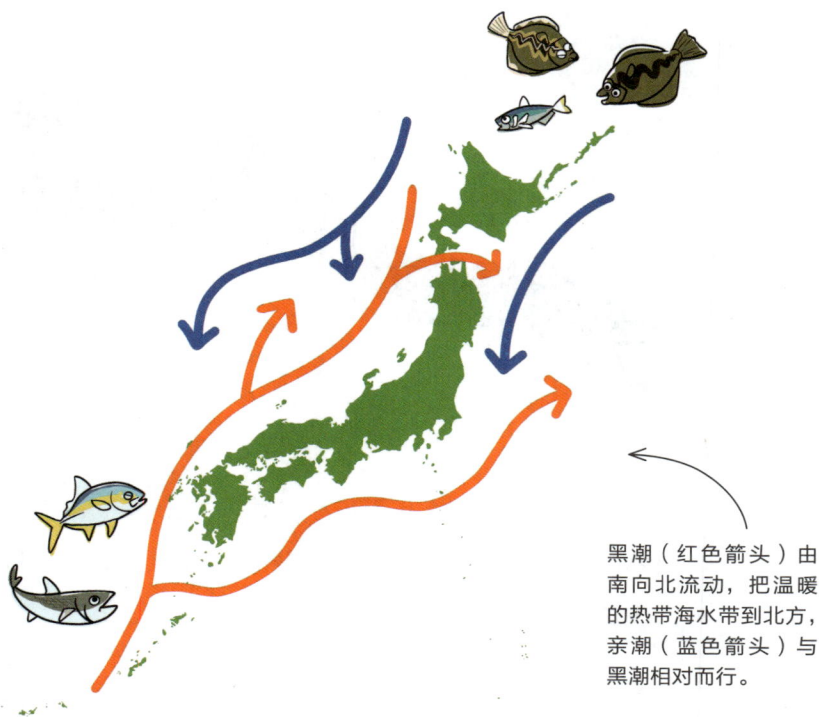

黑潮（红色箭头）由南向北流动，把温暖的热带海水带到北方，亲潮（蓝色箭头）与黑潮相对而行。

股暖流流经的区域，冬季气候比同纬度地区更加温暖宜人。

与黑潮相对而行的是亲潮（千岛寒流），受亲潮影响的楚科奇半岛和堪察加半岛，气温低到其大部分地方没有森林，而同纬度的西伯利亚内陆却是有森林的。

在日本列岛的东北部洋面，黑潮和亲潮迎头撞在了一起，汇成一股转而向东的北太平洋洋流。亲潮从北极海域带来了丰富的营养物质，被黑潮的热水加温之后，成了浮游植物的乐园。浮游植物养活了浮游动物，然后是以浮游动物为食的小型鱼类，以及体型更大的捕食者。

另外三个是北海渔场、纽芬兰渔场和秘鲁渔场，它们的形成也都和洋流有关。

于是，**这个区域形成了世界四大渔场之一的北海道渔场。**

浮游植物所需的营养元素的另一个重要来源是陆地。所以，淡水河的入海口附近如果有洋流经过，也容易形成渔场。黑潮进入东海之后分出一支，流向中国浙江近海，称作台湾暖流。它在舟山群岛附近与流入大海的长江水汇合，形成了中国最大的渔场——舟山渔场。

我国最大的渔场——舟山渔场，是浙江省、江苏省、福建省和上海市3省1市渔民的传统作业区域。

黑潮的馈赠

除了参与形成渔场，黑潮由于具有较高的流速（1~1.5米/秒），还是很多洄游性海洋生物喜欢搭乘的便车，进而吸引来旗鱼、金枪鱼这样的顶级海洋捕食者。我们平时吃的鱿鱼主要是太平洋褶柔鱼，它们在中国东海繁殖，卵孵化后，幼体沿着黑潮及其支流北上，长大成熟后回到日本海、黄海和东海。如果不幸被人类捕获，就变成了烤鱿鱼、鱿鱼刺身、鱿鱼丝等美食。

另一个例子是日本鳗鲡，这种鱼在马里亚纳海沟西侧海域产卵，孵化后幼体先后搭乘北赤道洋流和黑潮，经过数月的漂流来到日本近海，借助涨潮进入河流，在淡水中发育成熟，再回到大洋中繁衍后代。

大家今后吃到烤鱿鱼和鳗鱼饭的时候，要记得这是黑潮的馈赠啊。

太平洋褶柔鱼（*Todarodes pacificus*）是一种我们平日里会吃的鱿鱼。

知识点

在我国的东面，有一个与我国一衣带水的邻邦——日本。日本国土南北狭长，海岸线曲折，多优良港湾；山地、丘陵广布，沿海平原狭小。

日本火山怎么又喷了？

■ 黄晶

电影《日本沉没》中，地球物理学家田所雄介博士在深海考察后，预测日本在一年后就要沉没！不久，日本诸岛发生了大规模的地质灾害，整个日本陷入一片恐慌中。

电影中人们关于灾难的想象并不是异想天开，而是源于生活。日本是一个地震多发的国家，火山很多而且分布广泛。火山的喷发通常会伴随着大量岩浆、火山灰及有毒气体的喷出，这会给人们的生活带来巨大威胁。

有些火山虽然在历史上曾经经历过剧烈的喷发，但目前已经丧失了活动能力，不会再次喷发，这类火山被称为"死火山"，它们基本是无害的。

火山喷发的过程塑造了火山的形状：有的呈圆锥状（A）；有的呈盾状（B、C）；也有数个火山共同喷发，连成一片（D）。

20世纪下半叶的地球板块结构示意图。

可怕的活火山

真正可怕的是那些"活火山",它们处于火山活动的活跃期,有的正在喷发,有的正在积蓄力量准备下一次的喷发。

目前,全世界已经查明的对人类有威胁的活火山一共有1000多座,其中有接近10%的活火山分布在日本,而日本的国土面积却仅占全球陆地面积的0.3%左右。

地球深部的岩石在一定温度和压力下会被熔融,这个过程同时还会释放出多种气体。这些熔融状态的岩石、挥发的气体及一些还没熔化的固态岩石等混合在一起形成岩浆。岩浆在地下不断积累,压力增加。如果它们上面的岩石层比较薄弱或者存在裂隙的话,这些岩浆就有可能突破岩石层或者顺着裂隙上涌,最终到达地面发生火山喷发。

因此,足够的温压条件和有效的上升通道是火山喷发的主要因素,而这些都跟地质构造和板块运动有很大的关系。

大陆漂移学说

从1915年魏格纳最早提出大陆漂移的概念至今,板块构造理论已经日趋完善。地球上陆地和海洋的大开大合,山脉的升降,都是板块运动的结果。

板块构造学说将地球表面划分为几个岩石圈板块,而这些板块下面则是可以流动的**软流层**——就像几个大木板漂浮在水面上,木板随着水流运动。因为运动方向不同,有的板块之间会发生碰撞、挤压,这时较重的板块就会落到较轻的板块之下,在它们中间就形成了俯冲带、碰撞带;也有的板块会发生扩张,即从开裂处分别向两侧运动——裂缝就是扩张中心,炙热的岩浆会通过这个扩张中心涌出,然后在两侧冷却形成新的岩石。

软流层是地球地幔的一部分弱塑性变形区域,位于岩石圈的底部、上地幔的顶部。

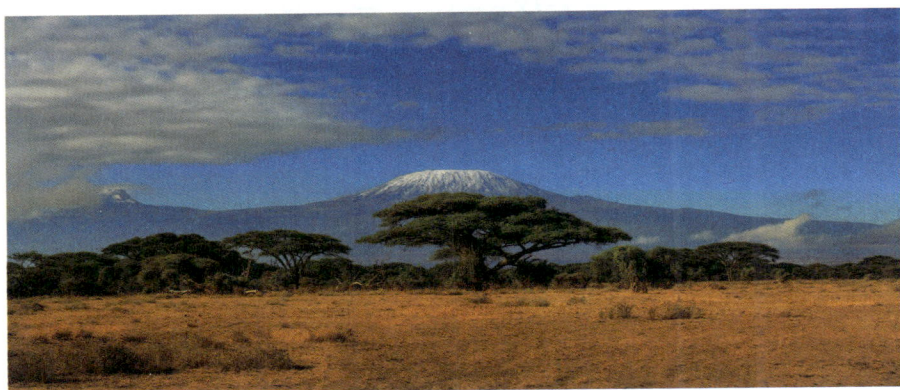

东非裂谷火山带上的乞力马扎罗山。

环太平洋火山带

剧烈的板块运动,无论是俯冲带还是扩张中心,都会破坏岩石圈的现状,使其产生大量裂缝,为岩浆提供上升通道。因此,地球上的火山活动主要分布在板块俯冲带和扩张中心。

比如,环太平洋火山带和阿尔卑斯－喜马拉雅火山带都属于碰撞－俯冲带,而大洋中脊火山带和东非裂谷火山带则都属于扩张中心。

日本处于多个板块的汇聚处,包括太平洋板块、亚欧板块和菲律宾板块等。这些板块相互碰撞俯冲,一方面使板块俯冲达到相当大的深度,那里的高温高压使岩石发生熔融,大大增强岩浆系统;另一方面破坏岩石圈,制造出大量裂隙作为岩浆上涌通道。正是在这二者的共同作用下,日本的火山活动频发,成为环太平洋火山带的重要组成部分。

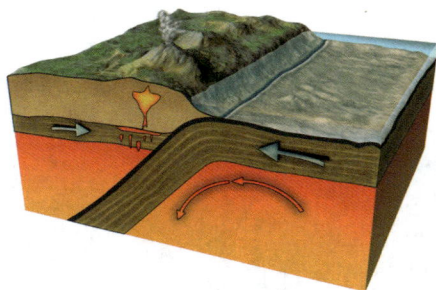

板块构造示意图。

1. 在板块内部,地壳运动稳定;
2. 在板块边缘地带,地壳运动活跃,成为火山、地震活动的多发地区。

知识点

日本经常发生火山喷发和地震,对人们的生活、生产影响巨大。

为什么都抢马六甲海峡？

■ 郅鸥

"车行半百，船行千里"，在交通工具落后的古代，海运的优势不言自明。海峡作为海上交通要道和航运枢纽，历来是兵家必争之地。

在**东南亚**，马来半岛与印度尼西亚的苏门答腊岛之间，有一条海峡被誉为"海上十字路口"，它就是马六甲海峡。从地图上看，东南-西北走向的马六甲海峡，像是一个张开的鳄鱼嘴，它的两岸分布着一些重要的港口城市，分属于北岸的马来西亚、新加坡，以及南岸的印度尼西亚。

东南亚包括中南半岛和马来群岛两大部分。中南半岛因位于中国以南而得名，与我国山水相连；马来群岛在中南半岛的东南方，有大、小岛屿2万多个，我们习惯上叫它南洋群岛。

穿过马六甲海峡的船只。

海上十字路口

由于得天独厚的地理位置，马六甲海峡自古便作为中西贸易的中转地。马六甲海峡有着悠久的历史，通航已逾千年。在《一千零一夜》里，阿拉伯探险家辛巴达就是经过马六甲海峡，乘船到达中国的。

公元1407年，郑和第一次到达马六甲海峡。他带领的船队里有一种"宝船"，高大瑰丽，可容纳上千人，是当时世界上最大的海船。漂亮的"宝船"吸引了很多人的眼球，一群海盗也打起了"宝船"的主意。海盗首领陈祖义在马六甲海域称霸一方，抢劫过往的商船。他假装向郑和投降，实则准备偷袭郑和的船队。然而，机智的郑和早已识破他的诡计并设下埋伏，将海盗们一网打尽。

郑和下西洋时的宝船模型。

人们都知道郑和"七下西洋"，但可能不知道其中的五次都停泊在了马六甲海峡。时至今日，在马六甲海峡沿岸，关于郑和的故事依然广为流传，在马来西亚的马六甲还有郑和及"宝船"的雕像。

大航海时代，海峡沿岸的一些城市先后被葡萄牙、荷兰殖民者占领，在殖民者统治时期，建立起东南亚独特的建筑和文化街景。

18世纪，马六甲和新加坡、槟城组成英国的"海峡殖民地"，渐渐地，贸易中心也从马六甲转向了新加坡。

今天，包括马六甲在内的马六甲海峡历史名城，已经被联合国教科文组织划定为世界遗产保护区。

峇（bā）峇娘惹民宅。从郑和下西洋开始到欧洲殖民地时期，大量华人进入马六甲。在马来西亚，华人男性被称为峇峇，女性被称为娘惹，图片中为当地华人所居住的房屋，展示了马来西亚华人生活的历史。

荷兰的建筑。

航道疏浚刻不容缓

19世纪，亚非之间的苏伊士运河被挖通，欧洲到东方的航路大大缩短，马六甲海峡也成了世界上最繁忙的海峡之一。直到今天，每年约有10万艘货船要从海峡上通过，马六甲海峡的年均海上货运量约占世界年均海上货运总量的1/3。

除了位处"黄金地段"，马六甲海峡的地理条件也非常适合通航。它位于赤道无风带，终年风力缓和，水流平缓。海底也比较平坦，没有暗礁，船只可以安心行驶。唯一美中不足的是，马六甲海峡全长约1080千米，最窄处宽度只有37千米，再加上泥沙淤积，巨轮搁浅的事故时有发生。

议会大厦，槟城的首府乔治市的建筑风格大多是英式的。1826—1946年，马六甲先是由英国东印度公司统治，后来成为英国政府的殖民地。

如此拥挤狭窄的航道，对航行技术要求很高，船速不能太快，而且吨位不同的船只需要在深浅不同的航道航行。

如果没有马六甲海峡，世界上近一半油轮都不得不另择航线，要么选择印度尼西亚的巴厘岛和龙目岛之间的龙目海峡，要么选择爪哇和苏门答腊间的巽他海峡。这些航线距离都比较远，费时费力，不仅增加运输成本，而且沿途的补给也跟不上。

所以，为了让经过马六甲海峡的巨轮免于搁浅，航道疏浚刻不容缓。

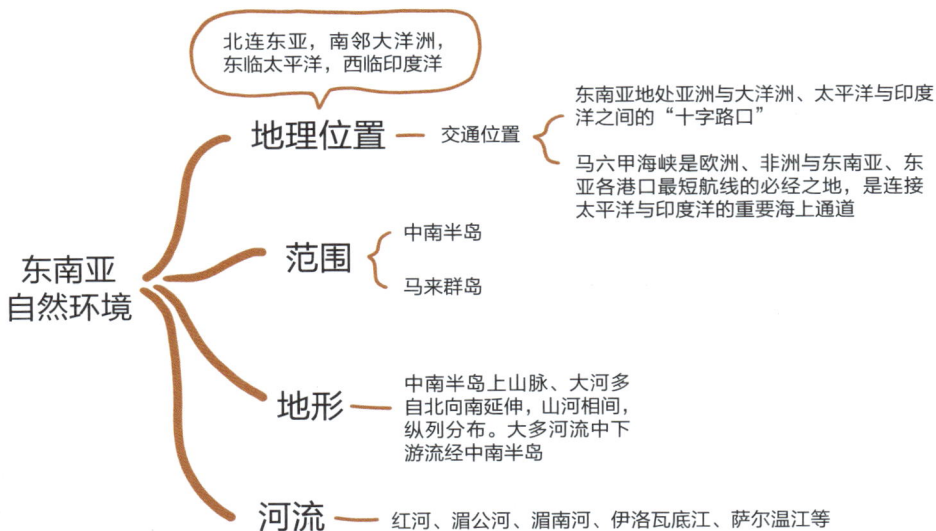

东南亚自然环境

地理位置 ——
- 北连东亚，南邻大洋洲，东临太平洋，西临印度洋
- 交通位置
  - 东南亚地处亚洲与大洋洲、太平洋与印度洋之间的"十字路口"
  - 马六甲海峡是欧洲、非洲与东南亚、东亚各港口最短航线的必经之地，是连接太平洋与印度洋的重要海上通道

范围
- 中南半岛
- 马来群岛

地形 —— 中南半岛上山脉、大河多自北向南延伸，山河相间，纵列分布。大多河流中下游流经中南半岛

河流 —— 红河、湄公河、湄南河、伊洛瓦底江、萨尔温江等

知识点

位于马来半岛和苏门答腊岛之间的马六甲海峡，是欧洲、非洲与东南亚各港口最短航线的必经之地，是连接太平洋与印度洋的重要海上通道。

红毛猩猩，被方便面逼入绝境

■ 马程

《猩球崛起》中的莫里斯是主角凯撒的得力助手，长着轮盘状的大脸，十分聪明，还会打手语。

这只拥有长长的艳丽红毛的雄性大猿，就是红毛猩猩（*Pongo*）。随着年龄的增加，雄性个体脸上的轮缘会越来越宽，与雌性个体的差异也越来越大。"大脸"可是红毛猩猩"漂亮"的象征，在自拍的时候绝对可以实力抢镜。

大脸亲戚

红毛猩猩、大猩猩及黑猩猩常常一起被称为"人类最直系的亲属"。目前世界上已知有3种红毛猩猩，即婆罗洲猩猩（*Pongo pygmaeus*）、苏门答腊猩猩（*Pongo abelii*），以及2017年才得以发现的达巴奴里猩猩（*Pongo tapanuliensis*）。红毛猩猩与人类的基因相似度竟然高达96.4%！红毛猩猩在马来语和印度尼西亚语中的意思是"森林中的人"。

红毛猩猩。

但非常可惜的是，我们的"大脸亲戚"已经被世界自然保护联盟（IUCN）认定为严重濒危的物种，全世界只剩下数万只，和一所大学的学生人数差不多，它们仅在东南亚的婆罗洲低地和苏门答腊岛还有少量存活。有科学家预测，不加以保护的话，10年后的我们将再也看不到任何一只红毛猩猩。

方便面惹的祸？

究竟是什么造成了红毛猩猩的数量不断减少呢？这要从一种我们都非常熟悉的食品——方便面说起。虽说听起来有点"八竿子打不着"，但是咱们的"大脸亲戚"的逐渐消亡确实和方便面有着千丝万缕的联系。

生产方便面的时候需要经过一个"油炸"的步骤，通常用的是棕榈油。棕榈油的稳定性较高，可以承受长期的高温。一般的植物油炸不了多久就会发生氧化变质，发黄发黑，而且容易产生致癌物，而棕榈油却可以久炸不变色。

目前，棕榈油是世界上生产量、消费量和国际贸易量最大的植物油品种，而且非常高产，每公顷土地的棕榈油产量多达4吨，即每亩出油260多千克。和红毛猩猩有关系的正是生产方便面所使用的棕榈油。

婆罗洲猩猩（左）、苏门答腊猩猩（右）。

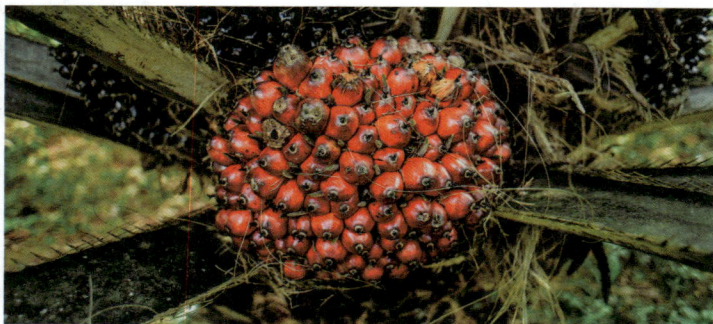

棕榈树上成熟的果实,是榨油的原材料。

棕榈油和红毛猩猩

如此高产的棕榈油是哪里来的呢?棕榈油主要产自印度尼西亚和马来西亚等热带地区,这些地方也是红毛猩猩的家乡。

其实,棕榈油本身和红毛猩猩之间没有什么矛盾冲突,影响红毛猩猩生存的是棕榈树种植园的开发方式。棕榈油受欢迎的原因除了产量高以外,还有价格低廉。国内的棕榈油成交价,要比同时期的大豆油价格每吨低近3000元。

价格如此低的主要原因是种植棕榈树的用地成本低,大多数棕榈树种植园是由热带雨林直接开发而来。相比于传统农业用地,成本低很多。国际市场上对棕榈油需求量的增长,促使东南亚很多棕榈油生产公司不断砍伐热带雨林。砍伐之后,人们采用火烧的方式来清理地面以进行棕榈树的种植。

一个被剖开的棕榈树果实。

马来西亚婆罗洲为种植棕榈树而砍伐森林。

这种行为会使得数以千计的红毛猩猩在大火中丧生。其次，由此造成热带雨林的大面积消失，红毛猩猩失去了赖以生存的家园。以苏门答腊猩猩的森林栖息地为例，1985—2007年，栖息地的面积减少了60%！2009—2011年，婆罗洲加里曼丹遭受破坏的红毛猩猩栖息地总计约1410平方千米，其中1/3以上是开发棕榈树种植园造成的。

岌岌可危

据估计，红毛猩猩的寿命在25年以上。苏门答腊猩猩的数量正在快速减少，现有的种群数量已无法维持其繁衍。按照这个趋势，其种群数量将在3代期间减少80%以上。如果人类再无任何行动，被列为IUCN红色名录的"极危"的红毛猩猩，距离灭绝仅一步之遥（婆罗洲猩猩为濒危，苏门答腊猩猩为极危，而达巴奴里猩猩被发现的时候只剩下约800只）。

知识点

湿热的气候条件，也使得东南亚成为世界重要的热带经济作物生产基地之一。

突破经济封锁,橡胶功不可没

■ 顾有容

橡胶,是一种非常重要的有机化合物。现代生活中但凡需要防水、密封、绝缘、减震的地方,大都能看到橡胶的身影。

在人工合成橡胶的技术成熟之前,橡胶树(*Hevea brasiliensis*)曾经是橡胶的唯一来源。

由于理化性质的差别,合成橡胶无法完全替代天然橡胶,所以后者的使用依然十分广泛。我国每年都要进口大量的天然橡胶,因为国内橡胶树的产出只能满足大约20%的市场需求。

源自他乡

既然橡胶树这么有用,为什么不多种一些呢?因为这种植物对气候的要求实在是太苛刻了。橡胶树的故乡是亚马孙河流域的热带雨林,它学名中的brasiliensis就是巴西的意思。作为一种热带植物,橡胶树非常怕冷,气温低于5℃就会被冻死,年平均气温高于20℃才能正常生长。换言之,橡胶树必

轮胎是最常见的橡胶制品之一。

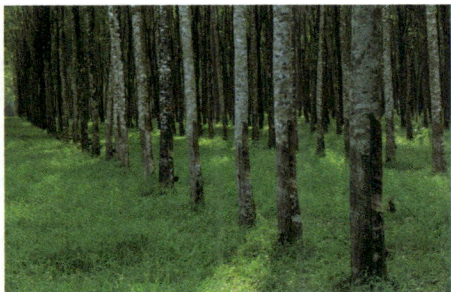

橡胶树是大戟科橡胶树属的一种乔木，其树汁是天然橡胶最主要的来源，木材可以用来制作家具。

须种在真正的热带地区。

从地理位置上看，海南是中国唯一完全位于北回归线以南的省份，它也是中国天然橡胶产量最大的省份。部分位于北回归线以南的省和自治区还有广东、广西、云南和台湾，这些区域也种植橡胶树。

传入亚洲

当年橡胶树传入亚洲，进而来到中国的历程十分曲折。起初，橡胶树只在原产地自然生长。随着19世纪末汽车工业的发展，全世界对轮胎的需求让巴西、秘鲁等几个南美国家发了大财。为了保持垄断地位，这些国家禁止橡胶树种子和树苗出口。如此重要的资源竟然没有掌握在自己手里，这让英国无法容忍。

1873年，走私的第一批橡胶树种子在英国皇家植物园——邱园发芽，长成了12株小苗。它们被送往印度栽培，可惜全都没有成活。1875年，英国商人威汉姆走私了70 000颗橡胶树种子到邱园，其中成功发芽的有2600多颗。这些小苗绝大部分被送往锡兰（今斯里兰卡），还有22株被送到了新加坡，这些地方在当时都是英国殖民地。

正在"割胶"的工人。

橡胶树的人工栽培和可持续的橡胶收获技术正是在新加坡植物园诞生并发扬光大的。与此同时,用砍伐等粗暴手段开发野生橡胶资源的南美国家,随着资源的枯竭和病虫害的暴发,橡胶产量逐渐下滑。东南亚地区一跃成为全世界最重要的天然橡胶产区,直到今天。

来到中国

1904年,云南爱国人士刀安仁从东南亚地区购入种苗,在盈江县建立了中国第一个官方背景的橡胶树种植园。同年,海南华侨何麟书从马来西亚带回种苗,在琼海建立了中国第一个民办橡胶树种植园。

中华人民共和国成立后,因为敌对国家的经济封锁,橡胶成了紧缺的战略资源,必须自力更生发展橡胶树种植。一方面,归国华侨引进优良品种、亲身垦殖,为海南的天然橡胶产业做出了不可磨灭的贡献。另一方面,中国资源植物学的奠基人蔡希陶教授提出,在云南热带地区建立中国第二个橡胶垦殖区,并选定了西双版纳。这里是中国唯一一块内陆热带季风区,原始植被是热带雨林,对于种植橡胶树来说可谓是得天独厚。

今天,橡胶是西双版纳不折不扣的支柱产业,产量占到全国

橡胶树的果实和种子。

的30%。然而,橡胶种植业的快速发展给这里的原生植被带来了一定的影响。西双版纳是中国陆地生物多样性最丰富的地区之一,但如今热带雨林有所退缩,并被分割成彼此隔离的小块。从空中看去,这里的森林覆盖率依然很高,但实际上大都是物种单一的橡胶林。如何在保护原生林的同时,让已有的橡胶林产生更大的经济价值、满足市场需求,是需要我们努力解决的问题。

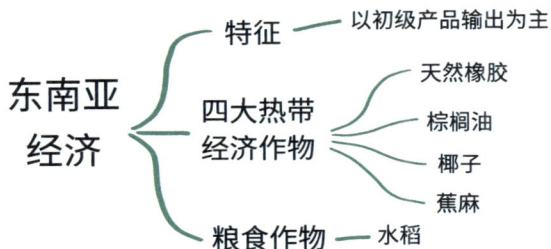

东南亚经济
- 特征 —— 以初级产品输出为主
- 四大热带经济作物
  - 天然橡胶
  - 棕榈油
  - 椰子
  - 蕉麻
- 粮食作物 —— 水稻

知识点

泰国是世界最大的天然橡胶生产国。
菲律宾是世界最大的蕉麻生产国和椰子出口国。
马来西亚是世界最大的棕榈油生产国。
印度尼西亚是世界最大的椰子生产国。
泰国、越南、缅甸是世界最重要的稻米出口国。

流经六个国家的湄公河

■ 郅鸥

欧洲有一条著名的多瑙河，亚洲也有一条"东方多瑙河"——湄公河。它不仅是东南亚第一长河，还是亚洲流经国家最多的河流。

湄公河上游在我国境内，叫澜沧江，发源于我国青海省，经青海、西藏和云南，从西双版纳出境，再经中南半岛的缅甸、老挝、泰国、柬埔寨，在越南入海。

湄公河流域位于亚洲热带季风区的中心，全年最低温在15℃以上，要么暴雨，要么暴晒。每年5—10月是雨季，来自海洋的西南季风带来大量降水，加上上游的雪山融水，湄公河年平均流量可达4750多亿立方米，几乎是多瑙河的2倍。因大幅涨水，9月常发生严重洪灾。

东南亚绝大部分位于热带，主要是热带雨林气候和热带季风气候。这两种气候都具有降水丰沛、全年高温的特征，有利于水稻和热带经济作物的生长。

湄公河老挝段。

湄公河三角洲水面上的集市。

　　每年11月，来自大陆的东北季风带来干燥少雨的旱季，一般会持续到来年4月，这期间，农民需要经常给田地浇水，才能保证有个好收成。

水可载舟，更可煮粥

　　湄公河的航运能力并不算强大，目前只有下游550千米可通航。虽然航运能力不行，但在资源上却不容小觑，湄公河流域是当之无愧的"鱼米之乡"。湄公河三角洲是东南亚最大的河口三角洲，主要位于越南，该河段也被越南人称为九龙江。湄公河平原（其中1/5属于柬埔寨）是越南第一大平原，越南南方60%~70%的农业人口集中于此。

　　肥沃的土壤和高温多雨的气候适宜水稻生长，水稻能一年2~3熟，这使得湄公河流域成为世界上最富庶的水稻产区之一。

　　湄公河水系是世界上种类丰富的淡水鱼生态系统之一，仅次于亚马孙河水系。湄公河水系也是世界上规模最大、产量最高的内陆渔业产地，河水里生活着850多种鱼，渔获量约占全球淡水渔获量的1/4。

湄公河越南流域的
渔业生产活动。

　　在柬埔寨、老挝等国,鱼不仅是人们的重要食物,渔业更是支撑家庭的产业。随着冷冻技术和交通运输的进步,湄公河流域的鱼已经可以实现跨国运输。

　　作为东南亚第一大河,湄公河平均入海水量高居东南亚各河首位,且大部分河段河槽深切、两岸多峡谷,非常适合修建水坝。湄公河的可开发水力发电量约为3700万千瓦时,目前已开发的水力发电量不到1%,潜力巨大。为充分利用水能资源,泰国在湄公河上修建了帕穆大坝,老挝、柬埔寨也有修建水坝的计划。

有时风雨

　　湄公河流域的各个国家在不断发展,也面临着新的问题和挑战。以湄公河巨型鲇鱼为例。这种"巨无霸"是湄公河的特有物种,也是湄公河的代表性动物,但由于过度捕捞,目前已成为濒危物种。

　　巨型鲇鱼是洄游鱼类,必须回到出生地产卵,修建水坝

水族馆中的湄公河巨型鲇鱼的尺寸最高纪录高达3.2米，重量达到300千克。

会挡住巨型鲇鱼回家的路，导致它们无法繁衍后代，这无异于雪上加霜。类似这样的资源开发与资源保护之间的矛盾，未来将会愈发严重。

1992年，"大湄公河次区域经济合作（GMS）"机制正式成立，成员包括中国、越南、柬埔寨、老挝、泰国和缅甸。各国在经贸、交通、人力资源、环境等多方面展开合作。

湄公河的河水日夜不停，河畔的人们生生不息。小说家**杜拉斯**也在这里得到了创作的灵感，在书里写下了广为人知的名句："与你那时的面貌相比，我更爱你现在备受摧残的面容。"这大概是写给湄公河的最美丽也最长情的告白吧。

法国作家、电影编导，出生在湄公河畔，代表作有《广岛之恋》《情人》等。

知识点

中南半岛的大河多是国际河流，河流沿岸地区地势平坦，土壤肥沃，易于灌溉，交通便利，经过长期开发，已经成为东南亚人口稠密、农业发达的重要地区。

这地方两天降雨量顶北京一年

■ 孙楠

位于印度东北角的乞拉朋齐被称为"世界雨极",曾创下世界降水纪录。乞拉朋齐的平均年降水量达到了11 777毫米,大约够北京下20年。

乞拉朋齐保持着两项世界气象组织认定的纪录:

1. 一年内最大降雨量26 470毫米,1860年8月至1861年7月测得;

2. 48小时最大降雨量2493毫米,1995年6月15日至16日测得。

每年7月是乞拉朋齐季风最强、雨水最多的时候。据统计,乞拉朋齐在1861年7月,仅一个月的降雨量就将近9300毫米,

乞拉朋齐位于喜马拉雅山脉南麓。

平均每天约300毫米。要知道，北京一年的降雨量仅600毫米左右，可以说，乞拉朋齐用两天时间就几乎下完了北京一年的雨。

天时与地利

之所以能够成为世界雨极，是因为乞拉朋齐既有"天时"又有"地利"。"天时"指的是乞拉朋齐的气候条件，它位于印度东北部，离孟加拉湾不过三四百千米，是典型的受季风影响的地区。每年的6—9月，夏季风裹挟着印度洋的暖湿水汽，不断向恒河三角洲一带涌动，穿过孟加拉国，直抵乞拉朋齐。

"地利"则使得乞拉朋齐的雨量，远远大于同样位于**印度洋**水汽充沛的通道上的孟加拉国。乞拉朋齐位于喜马拉雅山南麓的卡西丘陵上，在布拉马普特拉河（上游在我国境内，叫雅鲁藏布江）南侧，海拔约1500米，南边是广袤的孟加拉冲积平原。

暖湿气团可以不受阻碍地在孟加拉冲积平原上空移动三四百千米，然后与高耸的卡西丘陵相遇。气团受山势阻挡开

印度洋是世界第三大洋，位于亚洲、非洲、大洋洲和南极洲之间。

从乞拉朋齐眺望孟加拉冲积平原。

始爬升，企图翻越高山。海拔每升高100米，气温降低0.6℃，于是气团越爬升，气温会越低，水汽便凝结变成水珠，形成降雨。加上雨季的时候，印度洋的暖湿气团前赴后继，在此堆砌、爬坡，最终带来了无尽的雨水。

地形雨

其余3种雨分别是：锋面雨、对流雨和台风雨。

乞拉朋齐的**这种雨属于地形雨，是4种降水类型之一**。世界上其他降雨极端的地方和乞拉朋齐一样，往往与地形雨有关。例如我国台湾的火烧寮，1912年创下8409毫米的当地最大年降雨纪录，有一个原因就是它拥有迎风坡地形，容易形成地形雨。

在某些暴雨灾害中，也不能忽视地形地貌对风险的放大作用。全球12小时（1144毫米）、24小时（1825毫米）、72小时（3930毫米）和96小时（4936毫米）的最大降雨纪录，都是在南印度洋上的法属小岛留尼汪测得的。创造这些纪录的是台风雨，而小岛2290米海拔的特殊地形，起到了增强效应。

地形雨示意图。

雅鲁藏布江位于西藏自治区境内，是世界上海拔最高的大河之一。

有人曾异想天开：如果把雅鲁藏布江的水汽通道拓宽，或是"捅"开一些口子，是不是可以让藏西北也变成鱼米之乡呢？

先不讨论其他的因素，这个提议首先从气象学上就无法成立。10多年前，气象学家通过计算机模拟得出结论，即使在最佳大气环流形势的配合下，扩大水汽通道，仅仅能在三江源地区增加20%~25%的降水。理论中的环流形势在现实中几乎不存在，意味着水汽很难有足够的动力北上。

知识点

印度绝大部分地区处于热带和亚热带，以热带季风气候为主，一年明显地分为旱、雨两季。

北极圈里的港口，终年不结冰？

■ 徐心

在俄罗斯的西北角，有一座位处高纬度的城市摩尔曼斯克，那里的海港冬季不会结冰，船舶能正常进出。不仅那里，北欧、加拿大、阿拉斯加等地也有纬度高但冬季不会结冰的港口，因此这些港口被称为"不冻港"。

摩尔曼斯克已经处于北极圈范围之内，为什么那里的港口在冬季不会结冰呢？这就要从生活在太平洋上的、善于航海的波利尼西亚人说起。

讲述波利尼西亚人传说故事的动画电影《海洋奇缘》中有这样一个情节：半神毛伊传授女主角莫阿娜航海的技巧，让她把

在高纬度的摩尔曼斯克可以观察到壮丽的极光。

俄罗斯的摩尔曼斯克港，终年不冻。

手伸到水里感受水温，寻找**暖流**。

> 暖流一般从水温高的海区流向水温低的海区，多由低纬度流向高纬度，典型的有日本暖流、墨西哥湾暖流等。

这个情节可不是凭空想象的。从大约三万年前开始，原本居住在太平洋西岸的古人逐渐向东方的岛屿迁徙。在两三万年的历史中，波利尼西亚人开发了热带太平洋中的许多岛屿，积累了大量的航海经验，其中就有靠**洋流**加快航速的方法。

洋流和航海

> 沿着一定方向的大规模海水运动，叫作洋流。按照洋流的性质，可以将洋流分为两种类型：暖流、寒流。

可惜，波利尼西亚人的智慧并没有传播到远隔重洋的欧洲。大航海时代开启后，探索远洋的欧洲人还是从零开始认识洋流。那时的船长和水手认为对风向的了解和使用更为重要，很多人都没有意识到洋流的作用。

18世纪60年代的美国还是英属殖民地，很多邮船和商船往返于北美殖民地和英国之间的大西洋上。时任北美殖民地邮政总长的本杰明·富兰克林发现，从法尔茅斯出发的邮政包裹到达纽约，比普通商船从伦敦抵达新英格兰的纽波特要多花两个星期，而邮船明明比商船占据着更直接、更便捷的航线。

询问了在麻省（马萨诸塞州）经营捕鲸船的表弟提姆·福尔杰后，他才知道有经验的渔船和商船会避开北大西洋中一股强劲的洋流，而他们的邮船每次都只会走直线，一头扎进逆向的洋流中。

第二年，富兰克林综合从许多老船长那里搜集来的信息，出版了世界上第一幅**墨西哥湾暖流**地图。这个洋流从墨西哥湾流出，把亚热带的温暖海水一路输送到大西洋东北岸的欧洲。

墨西哥湾暖流是世界上规模最大的暖流。从墨西哥湾一路向东北运动，成为北大西洋暖流。

最强表层洋流之一

墨西哥湾暖流是地球上最强劲的表层洋流之一，除了影响船只的航行速度，大量的温暖海水还对欧洲大陆的气候产生着巨大影响。很多欧洲国家比我国东北更靠北，但欧洲国家的气候却普遍不像我国东北的气候那样寒冷。

这很大程度上要归功于墨西哥湾暖流源源不断送来的"热水"。暖流和暖气很类似：水在一个地方被加热，再送到寒冷的地方去散热。不过，和管道中的暖气水不同，暖流不但散热，还贡献了水蒸气，让附近地区的气候变得温暖而湿润。

北上的墨西哥湾暖流折而向东，横跨大西洋北部，改称为北大西洋暖流。北大西洋暖流抵达大西洋东岸后，分为两支，一支继续向北流淌，沿北欧的海岸挺进北冰洋；另一支散发余热后变成寒流向南，从靠近赤道的地方回归美洲海岸。

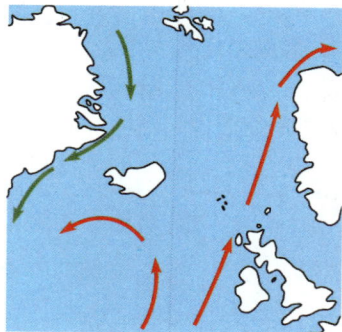

北上的北大西洋暖流。

世界上最北的不冻港

正是这支北大西洋暖流，造就了世界上最北的不冻港——俄罗斯的摩尔曼斯克。摩尔曼斯克位于北极圈内，全年平均气温只有0℃左右，但港口终年不冻，是俄罗斯最重要的军港之一。

如果没有北大西洋暖流，摩尔曼斯克的气温会低得多，海水也会像北冰洋沿岸的其他地方一样，在冬季被牢牢封冻了。

洋流形成的一个主要原因是大气流动造成的盛行风，洋流也受到地球自转、海陆地形及其他很多复杂因素的影响。我们现在已经知道了世界上主要洋流的分布和走向，能够依靠它们指导航行，预测海洋生物的迁徙和污染物的扩散。

位于挪威的哈默费斯特港也是因为受到北大西洋暖流的影响，成为北极圈内少数的不冻港。

知识点

俄罗斯西濒波罗的海，东临太平洋，北靠北冰洋。

一条河，这些国家争了一百年

■ 桂江城

因尼罗河而繁衍出灿烂文明的埃及人，比任何人都深知河流的重要性。挖掘一条连接地中海与红海的运河通道，自古以来都是埃及人的梦想。

古埃及第十二王朝法老辛努塞尔特三世曾下令，挖掘连接红海与尼罗河的东西方向的运河，有证据显示这条运河的运转持续到公元前13世纪，后遭荒废。拿破仑占领埃及后，也曾计划修建运河连接地中海与红海，由于工程测量错误，法国人一度放弃计划。

卷土重来的法国人

19世纪中叶，法国人在奥斯曼帝国埃及总督的特许下，成立了苏伊士运河公司，并在1859年正式开始修建苏伊士运河。持续10年的苏伊士运河修建过程，也是一部埃及人民的血泪史。

运河修建初期，埃及政府仅支付微薄的薪水，强迫大量穷人修建运河。在运河最早的工程段，数万名埃及劳工只能使用锄头与铁锹进行施工。酷热的天气、饮水的缺乏加上繁重的劳动，造成大量劳工死亡。尤其是在1863年，工地暴发伤寒，夺走了大批劳工的生命。

1863年，埃及总督下令禁止使用劳工。劳动力的短缺使得苏伊士运河公司更改了施工方案，随后他们制造了数台蒸汽驱动

苏伊士运河两端没有海平面的落差，也没有需要翻越的山脉，河道上没有船闸。

的挖掘机，投入运河的修建中。**新技术的应用大大加快了工程进度。运河主体航道完工后，共挖出了7500万立方米的沙土，其中3/4是通过重型机械挖掘的。1869年，运河正式完工并开放。**

苏伊士运河开通后，大大削弱了非洲好望角航线的地位。英国人作为控制这条传统航线的海上霸主，对苏伊士运河的态度一开始是拒绝的，甚至还用了各种手段暗中使坏，阻碍运河工程的正常进行。

英国人占领埃及

为了筹集修建运河所需的资金，法国人希望售出苏伊士运河公司的部分股份，这招来了英国人的冷嘲热讽。英国媒体嘲讽兜售股票计划是"针对无知民众的悍然抢劫"，英国政界也与媒体一起，唱衰苏伊士运河计划。

英国人的行为让法国人大为不满，负责运河项目的法国人雷赛布甚至还对当时的英国首相帕默斯顿进行直接抨击。

运河通航后，产生了很好的经济效益，其军事重要性也日益凸显。尤其是对英国来说，苏伊士运河开通后，从伦敦到孟买的航线距离缩短了约42%，这将大大加强英国对印度等东方殖民地的控制。

由于陷入财政危机，埃及政府于1875年将其持有的44%的苏伊士运河公司股份全部卖给了英国。但是英国仍不满足，

1882年，英国占领了埃及，直接控制了苏伊士运河，直至第二次世界大战结束。

今天的苏伊士运河，仍有着重要的经济、军事价值。

重回埃及之手

埃及人民用金钱和血汗修建了苏伊士运河，但是运河产生的利益，却一直被列强瓜分。第二次世界大战结束后，埃及人民通过抗争赢得了国家独立。

1956年，埃及宣布将苏伊士运河国有化，引发了列强不满。英国、法国与以色列组成联军，入侵埃及，第二次中东战争爆发了。在苏联和美国的干预下，英法以联军在1956年11月撤军，运河回到埃及人民手中。

1967年，以色列与埃及等中东国家爆发第三次中东战争，这次战争只持续了6天，但却导致苏伊士运河关闭长达8年，直到1975年才再次开通。

苏伊士运河在南部的终点苏伊士湾的俯瞰图。

苏伊士运河是人类文明的伟大成就,创造了丰厚的经济效益,但是在这背后,有无数人为这条运河付出了宝贵的生命。这条黄金水道带给埃及人民的,不仅仅是财富。

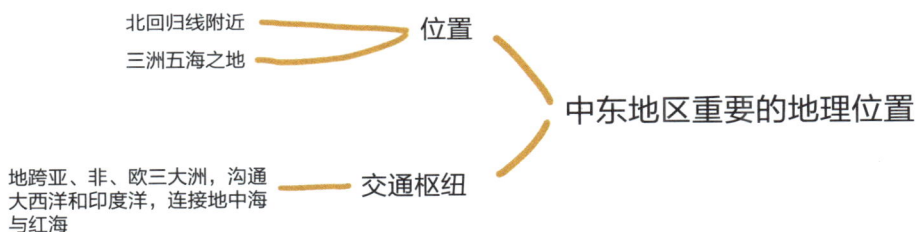

北回归线附近
三洲五海之地
位置

中东地区重要的地理位置

地跨亚、非、欧三大洲,沟通大西洋和印度洋,连接地中海与红海
交通枢纽

知识点

中东气候干燥,河流稀少,还有大面积没有河流的沙漠地区。

洋流一路向北，与极光相拥

■ 朱岩

欧洲，全名欧罗巴洲，名字源自希腊神话中古代地中海东岸的腓尼基公主"欧罗巴"。**欧洲是世界人口第三多的洲，仅次于亚洲和非洲，而在面积上它却是地球第二小的洲。由于政治、经济、文化等原因，人们对欧洲的界定有时会不一样。**

> 欧洲是世界上发达国家集中的地区，有40多个国家，梵蒂冈是世界上最小的国家。

东西遥望，南北不分

欧洲有一个"东西遥望，南北不分"的国家——俄罗斯。俄罗斯地跨欧亚大陆，三面环海，是世界少有的与大西洋、北冰洋和太平洋三大洋都相邻的国家。由于国土整体纬度较高，在漫长的海岸线上找到可以全年通航的天然良港并不容易。

在俄罗斯远东地区的太平洋沿岸有一座港口城市，叫符拉

符拉迪沃斯托克。

迪沃斯托克，原名海参崴，据说指的就是"盛产海参的港湾"。这里是俄罗斯领土最靠南的地点之一，位于北纬43°，但是冬天依然寒冷，1月的平均气温只有-12.3℃。这个港口周围的海水一年中有4个月覆盖着厚厚的浮冰，需要借助破冰船才能通航。而北极圈之内的摩尔曼斯克，1月的平均气温却比这个地区高。

一江春水向北流

"南北不分"的奇怪现象，还要从两座城市所面对的海洋说起。覆盖了全球超过70%表面积的海洋，有着非常复杂的运动模式。海洋中有着一种功能隐蔽、规模庞大的运动形式——洋流。海洋中很多区域的海水，会沿着比较固定的路径和方向流动，就像陆地上流淌的河流，只是规模要大得多。

大规模的海水流动，会对沿途各地的气候造成很大影响。从热带出发的温暖海水，为寒冷地区带来了温暖与更多的降水；从寒带启程的寒冷海水，则给温暖地区减少了一些"火气"与"潮气"。从墨西哥湾出发的温暖洋流如"一江春水"，势力强劲，一路横穿北大西洋到达欧洲西岸，并沿着海岸向北前行，一头扎进了北极圈。

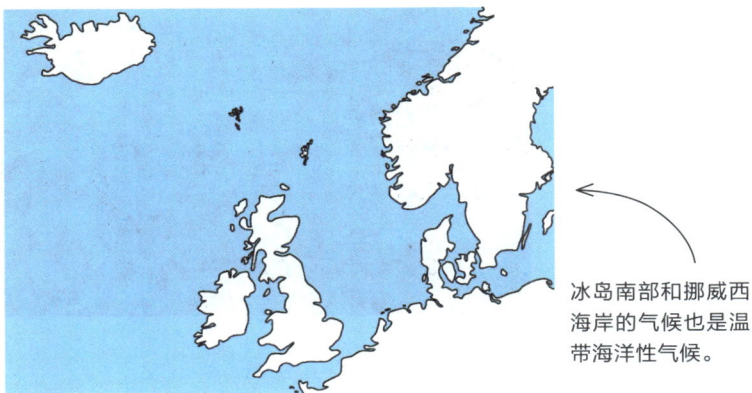

冰岛南部和挪威西海岸的气候也是温带海洋性气候。

温暖湿润春常在

上文所说的这条洋流叫作"北大西洋暖流"，它不仅仅为俄罗斯带来一座终年不冻的港口，还深深地影响了整个欧洲西部地区的气候。

大陆西部北纬40°~60°，受大气运动中的西风带影响明显，往往形成终年温和多雨的温带海洋性气候。欧洲西部正符合这样的位置条件，再加上北大西洋暖流带来的热量与水汽，不仅让这里成为全世界最典型的温带海洋性气候分布区，而且影响的范围也向北大大扩展了，接近北极圈的冰岛南部和挪威西海岸也是这一气候类型。

挪威位于斯堪的纳维亚半岛，峡湾曲折幽深，引人入胜。

这使得西欧与世界上同纬度的其他地区相比，更加温暖、湿润。举例来说，**挪威**有一座大约处在北纬60°的城市——卑尔根，多年的气象观测显示，这里每年最冷月份的平均气温都在0℃以上，几乎每个月的降水量在100毫米以上。

挪威第二大城市卑尔根。

传统的饮食习惯

大自然是人们生存的基础，人类文明与习俗的发展不可避免地会受到环境的影响。欧洲西部冬暖夏凉、雨水充足、日照较少的气候特点，非常适合多汁牧草的生长，而不太利于农作物的种植。

受到这样的气候条件影响，生活在这片土地上的人们，自然而然地将更多的土地用于养殖牛、羊，为人们提供肉、奶等畜产品。即使到了科技发达的今天，欧洲很多国家的畜牧业产值依然占到农业产值的50%以上。这样的传统，深深影响了人们的饮食习惯。

意大利东北部多洛米蒂山下的农场。

知识点

欧洲西部一般是指欧洲的西半部，北临北冰洋，西临大西洋。

酿酒葡萄的天然温室

■ 朱岩

"葡萄美酒夜光杯，欲饮琵琶马上催。"唐朝诗人王翰的《凉州词》，我们今日读来，仿佛还能感受到千年前葡萄酒的晶莹与芬芳。葡萄酒在唐代时已十分流行，今天的甘肃、山西一带多有酿造葡萄酒的酒坊。不过，葡萄的原产地并不在中国，而是在汉代张骞出使西域后，从西域传入中国的。

葡萄酒是新鲜葡萄经发酵酿制而成的酒精饮料，是人们最早开发的水果酿造酒之一。根据目前的考古研究，最早的葡萄酒出现在大约8000年前的格鲁吉亚地区，之后扩散到亚美尼亚、伊朗等周边地区。

公元前4000年后，葡萄酒逐渐传入地中海区域，如今天的希腊、意大利，以至法国、西班牙等地。越来越多的地区开始生产葡萄酒，越来越多的人开始饮用葡萄酒。

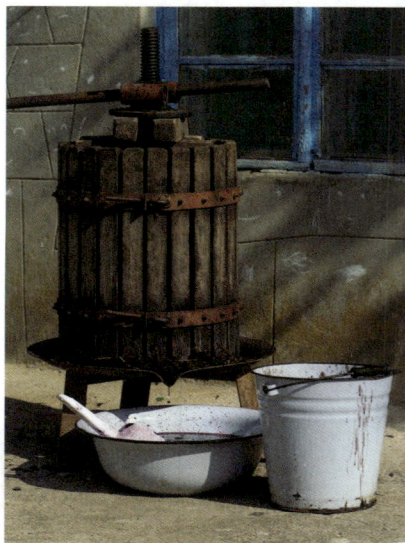

手工酿酒工具。

历史悠久的法国葡萄酒

今天,葡萄酒已经是世界上普及最广的酒精饮料之一了,不仅生产的量大、喝的人多,产地也遍及世界各地。

法国的葡萄酒历史十分悠久,可以追溯到罗马帝国时期。公元3世纪,今天的法国地区已经大面积种植酿酒用的葡萄,为当时供不应求的市场酿制葡萄酒。公元6世纪,基督教会与富豪对高品质葡萄酒的需求,加快了这一地区葡萄酒业发展的脚步。中世纪时,葡萄酒成为法国主要的出口货物。这样的传统一直没有中断,工业革命后,法国葡萄酒迅速走向了世界,波尔图、勃艮第、罗讷河谷等产地成了优质葡萄酒的代名词。

现在,法国一年能生产400万吨以上的葡萄酒,2020年葡萄酒出口量近130万吨,约占全球葡萄酒出口量的13%,但葡萄酒出口额占全球葡萄酒出口额的近30%。很多知名产地与知名年份的法国葡萄酒,更是可以卖到天价。

葡萄酒。

葡萄酒的酿造秘诀

法国也并非没有对手,同属欧洲的意大利、西班牙、德国和葡萄牙,也都是葡萄酒的传统产地,与法国分庭抗礼。近年来,对法国威胁更大的是"新世界国家",主要包括美国、澳大利亚、智利和南非。

这些国家的葡萄酒产量不断增长,紧跟在欧洲国家之后。而在法国人引以为傲的葡萄酒品质上,这些新生力量也不遑多让。美国著名葡萄酒产区加利福尼亚州纳帕谷的葡萄酒,甚至两次在盲品比赛中击败法国顶级葡萄酒,让专家们深感震撼。

善于酿造优质葡萄酒的这些国家有着怎样的酿造秘诀呢?如果你仔细研究一下优质葡萄酒的产区:地中海周边、美国加州、智利中部、南非西南部和澳大利亚西部及南部,你会发现这些相隔万里、遍布五大洲的地方有一个惊人的共同点,就是气候相似。酿造葡萄酒最根本的秘诀,恐怕还是酿酒葡萄自身的品质,而这离不开葡萄生长的自然环境。

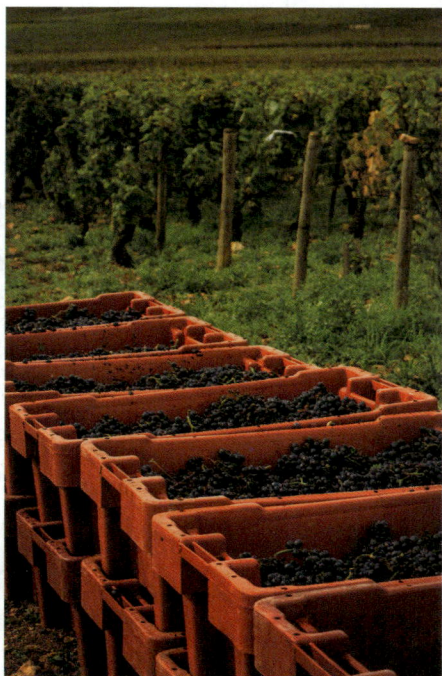

采收葡萄时的景象。

为酿酒葡萄量身打造的生长温室

打开世界地图可以发现，这些优质葡萄酒产区都位于纬度30°~40°的大陆西岸，夏季受副热带高气压带控制，高温而干燥；冬季受西风带影响，温和而多雨。由于这种气候在地中海周围范围最大、最为典型，所以就叫作**地中海气候**。

> 地中海气候是世界上唯一一种雨热不同期的气候类型，这种气候下的植被类型为亚热带常绿硬叶林，叶片一般较厚，叶片表面有蜡质，以减少水分蒸腾，适应干燥气候。适合生产的农产品包括葡萄、油橄榄、柑橘等。

地中海独特的气候非常有利于酿酒葡萄生长：（1）降水适中且集中在冬季，利于葡萄生长；（2）温度最低的月份的平均气温也在10℃左右，让葡萄有充足的热量顺利结果和成熟；（3）夏天日照充足，让葡萄的糖分充分积累，达到葡萄酒所需要的高糖度。

虽然夏天雨水较少，增加了干旱的风险，不过基本可以通过人工灌溉解决问题。地中海气候，可以说就是为酿酒葡萄量身打造的"生长温室"。有了这样的独门秘诀，最好的葡萄酒当然应该诞生在这些地方。

知识点

欧洲自然条件多样，自然景观丰富多彩。欧洲南部地中海沿岸，夏季阳光明媚。

欧洲人怎么养奶牛?

■ 少个螺丝

欧洲西部的畜牧业十分发达,生产的各个环节都有完善的流程,虽然劳动力短缺,但是生产高度机械化。欧洲人对乳制品的需求巨大,对食品安全的要求也十分严格。让我们以法国为例,来看看欧洲的牛奶是如何从农场走进工厂的,又是如何保障牛奶的食品安全的。

英国畜牧业产值占农业总产值的70%以上,法国和德国畜牧业产值也略高于农业总产值的50%。

君有奶在农场,不收将恐坏

在法国,每头奶牛每年能产4~7吨牛奶,好品种的奶牛年产奶量甚至能超过10吨。根据欧盟2017年的统计数据,2017年法国产奶的奶牛总共约350万头,有大约10万个奶牛养殖户,算下来平均每户拥有30多头产奶的奶牛。

法国的奶牛品种:蒙贝利亚奶牛。

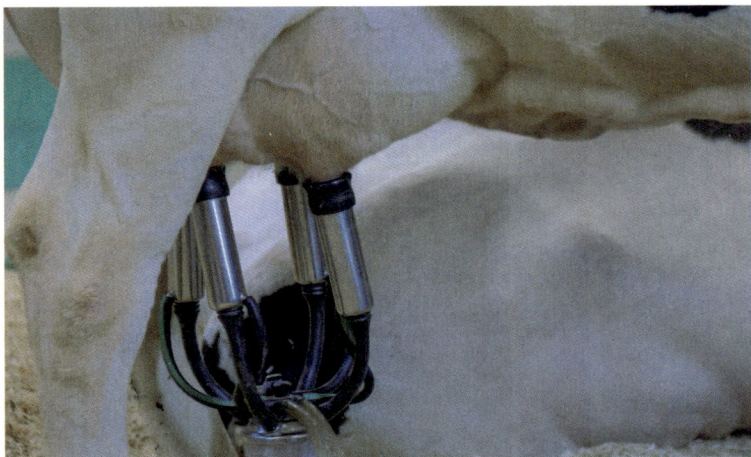

挤奶工给奶牛加装自动化的挤奶设备。

奶牛通常每天会被挤两次奶，早晚各一次。农场一般都有专门的机械挤奶设备，得到的牛奶直接通过设备的管道输送到用来储存牛奶的冷罐中，以尽量避免对牛奶的污染。

冷罐是牛奶的第一站，让刚挤出来的38℃左右的牛奶在1小时之内降温至4℃以下。而且冷罐中还装有搅动装置，一方面方便热量传递，让温度更均匀；另一方面降低牛奶中乳脂上浮的速度。如果放置的时间太久，或者冷罐出了故障，牛奶还是会变质的。

收牛奶是一项技术活

要保证牛奶不会在运输的途中坏掉，最好加装制冷设备。由于奶罐车容量过于庞大，加装能制冷到4℃以下的设备在经济上不划算。通常的方法是对车上的奶罐进行隔热处理，以避免牛奶在运输过程中升温太快。然后在收奶时间上做好规划：一般收奶是在清晨出发（有的公司甚至夏天凌晨两三点就出发），赶在中午之前完成，以降低周围环境温度对运输途中的牛奶的影响。

　　与乳品公司签约的各家农场通常都分布在周围几十千米的范围之内，乳品公司会把自己势力范围之内的农场划片，分派给不同的车辆，而且收奶的原则是先从最远的农场开始，以尽量减少牛奶在运输途中的时间。

　　一辆奶罐车通常能装20吨左右的牛奶，而一家农场的牛奶很少能装满一车。奶罐车司机除了开车收奶，还兼任牛奶初审评委的职务。抵达农场之后，奶罐车司机首先需要注意的就是冷罐温度，如果超过6℃，那么就可能出问题。

　　在把牛奶泵入奶罐车的过程中，司机会使用采样机不间断地采样，以获得2份这家农场牛奶的均匀样品。在收满一车牛奶后，司机还需要在回程之前对整车牛奶进行采样，并直接利用专门检测抗生素的试剂盒进行检测。

　　检测结果会在抵达工厂之前出来，如果抗生素检测结果为阴性，那么这车牛奶可以泵入工厂的大储奶罐，和来自其他奶罐车的牛奶混合，以备生产使用；如果结果为阳性，那么这车牛奶

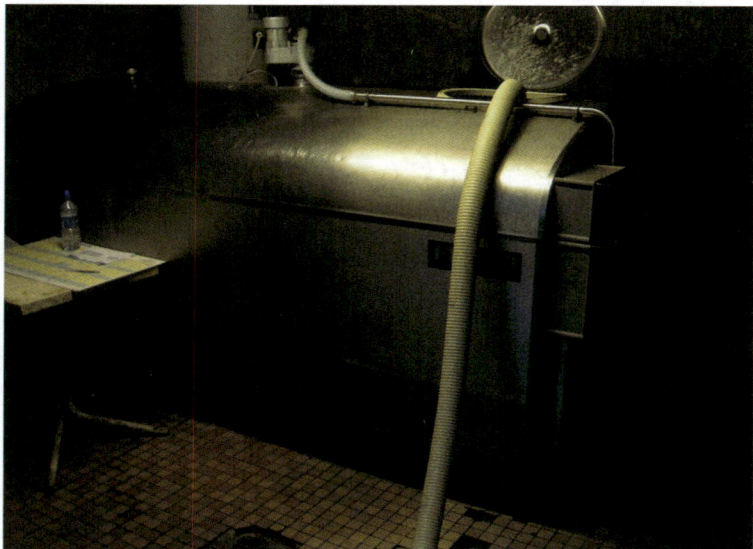

法国农场用于储存牛奶的冷罐。图片来源：少个螺丝。

法国用于收奶的奶罐车。奶罐车司机不仅负责驾驶，还需要当"评委"，根据牛奶的颜色和气味，来初步判断牛奶是否已经变质。图片来源：少个螺丝。

只能先被送入"临时储奶罐"。随后，工厂会通过更专业的设备对这批牛奶进行检测，如果结果呈阴性，这批牛奶就可以"无罪释放"了。如果结果仍是阳性，这批牛奶则只好被倒进下水道了。

一车10~20吨的牛奶，可能仅仅因为一家农场的牛奶有问题就全都倒掉，这事可不能就这么算了。这时，司机之前收牛奶时采的样品要派上用场了，对这些样品挨个进行检测，就可以知道谁家的牛奶是那颗"老鼠屎"。为了公平起见，样品还会送到第三方独立检测机构进行检测。有了证据，牛奶出了问题的农场就要负责赔偿整车牛奶了。

留得证据在，不怕你使坏

奶牛不会自己合成抗生素，所以牛奶里含有抗生素必然是由于农场给奶牛用过抗生素药物，通常是为了治疗乳腺炎。在这种情况下，农场主只要主动把曾经用抗生素治疗过的奶牛的奶排除掉，并不会有多大损失。如果自己忘了哪些牛奶含有抗生素，可以要求收奶的司机先进行快速检测，这样最多也就是损失当天的牛奶。如果奶农隐瞒情况，一旦被查出来，需要赔偿的就是整整一车牛奶！由于有着可靠的采样机制，任何有理智的农场主都不会这么做，乳品公司通常几年都不会碰到这样的问题。

就算最终通过检测进入了生产流程，之前采样的牛奶样品也会一直留着，直到用这批牛奶生产的产品完成其生命周期，也就是直到这批产品最终完全被使用掉为止。这期间发生的任何与原料有关的食品安全问题，都可以通过这些样品来追本溯源。

解决食品安全问题的关键就在于建立一个行之有效的质量回溯体系，在产品出现质量问题之后，可以查到根源和直接责任人。完善的法律法规和制度约束了生产者，使他们不敢冒着被抓的风险去使坏牟利。

牛奶采样设备。
图片来源：少个螺丝。

知识点

欧洲西部从事畜牧业的农民以饲养牛、羊等牲畜为主。这里劳动力短缺，农业生产高度机械化、自动化。

东非大迁徙，"吃货"组的局

■ 朱岩

在非洲东部，肯尼亚与坦桑尼亚两国交界处，有一片面积超过3万平方千米的稀树草原。在肯尼亚的部分，叫作马赛马拉；在坦桑尼亚的部分，则叫作塞伦盖蒂。

在这片一望无际的草原上，直到今天还生存着数以百万计的大型哺乳动物，繁衍着一个生生不息的动物王国。无论是凶猛的狮子、花豹，还是体型巨大的大象、犀牛与非洲水牛，都在这里占据着重要的生态位，它们被称为"非洲五霸"。

不过要是比谁的数量多，那还得看下面"三位"：

角马，超过150万匹；

瞪羚，超过50万只；

斑马，超过30万匹。

塞伦盖蒂稀树草原。

角马。

斑马。

瞪羚。

"吃货"们的烦恼

如果你有机会来到这片大草原，我可以保证，不出两天，你一定会见上面这"三位"见到心烦——漫山遍野都是它们的身影。如果没有食肉动物的干扰，它们基本只有一种状态：吃，吃，吃！

虽然草原面积巨大，但是动物数量一多，填饱肚子也经常是个问题。更不利的是，这里的气候特点鲜明，一年中有明显的湿季和干季之分。湿季雨水丰沛，草木繁茂，食物充足；干季雨水稀少，草木枯黄，食物缺乏。

于是,这些"吃货"们也就总有挥之不去的烦恼:干季来了,我们要到哪里去找吃的呢?

大迁徙,远不止过一条河那么简单

千万不要小看动物的智慧,它们早就发现了一个重要的规律:草原上的降水区域会南北移动。当南侧的塞伦盖蒂没有食物时,北侧的马赛马拉却仍然水草丰美。"逐水草而居"自然就成了这些"吃货"们的必然选择,闻名世界的东非动物大迁徙也就这样出现了。

格鲁梅蒂河是尼罗河鳄的主要栖息地。

迁徙中最著名、最壮观的当属角马渡河。在前往马赛马拉的路上,角马必须横渡格鲁梅蒂河和马拉河。湍急的河水与河中潜伏已久的鳄鱼,随时都能夺去它们的生命。据统计,每年都有数以万计的角马在这里丧生,可谓是名副其实的"天国之渡"。

不过，渡河其实只是一个环节，整个迁徙过程实际上贯穿全年，极为复杂。大体说来，每年12月至次年5月，斑马、角马、瞪羚等食草动物在食物丰富的塞伦盖蒂悠闲地生活。从5月中下旬开始，塞伦盖蒂降水逐渐减少，食物开始不足，食草动物们追逐水草，逐渐向西北方向迁徙。到了七八月份，干旱程度逐渐加剧，动物们继续向北，进入马赛马拉。前文所说的"天国之渡"，就发生在此时。10月开始，塞伦盖蒂重新迎来雨季，草原开始返青。已经差不多把马赛马拉草原吃干净的食草动物们，开始从东线向南迁徙。12月，动物们基本回到了塞伦盖蒂，开始繁衍后代、休养生息。年复一年，生生不息。

半是风雨半是晴

如前所述，草原上的勃勃生机离不开雨水的滋养。而降水的多寡与时间的分配则是气候的重要指标，受到不同环境因素的影响。

塞伦盖蒂与马赛马拉地区的气候被称为热带稀树草原气候，也称萨瓦纳气候。这种气候通常出现在赤道两侧的低纬度地区，具有两个特点：一是全年高温，二是有明显的湿季和干季之分。

全年高温是因为靠近赤道，接收到的太阳辐射较多。干湿季节的变化，则是由于太阳直射点的季节变化和由此产生的大气状况变化而形成的。在太阳直射北半球时，位于南半球

近几年，中央电视台都派出专业团队，进行直播。当你见到百万角马大横渡格鲁梅蒂河的壮观画面时，你才能真正感受生命的脉动。

的塞伦盖蒂大草原受东南信风带控制，风自干旱内陆吹来，因而降水稀少，形成旱季；在太阳直射南半球时，这里受赤道低气压带影响，空气受热上升，极易形成降水，进入雨季。

塞伦盖蒂与马赛马拉大草原上，为了食物而义无反顾的动物大迁徙，说到底，还是气候"惹的祸"。

知识点

地处赤道附近的非洲部分地区，受赤道低气压带控制，气流上升，容易形成大量降水，因而形成高温多雨的热带雨林气候；但位于赤道的东非高原，因地势较高，气温大大降低，上升气流减弱，降水量减少，因而形成热带草原气候。

绝世美景，就要消失了

■ 张芩

大堡礁北起澳大利亚和新几内亚之间的托雷斯海峡，南至南回归线以南，纵贯珊瑚海，绵延2000余千米，是世界上最大的由生物体形成的结构。它是由不计其数的、最小尺寸以毫米计的珊瑚虫经过千万年的生长逐渐形成的珊瑚礁群。

> 大堡礁是世界最大最长的珊瑚礁群，1981年被列入世界自然遗产名录。

包括已经极度濒危的玳瑁在内，全世界总共7种海龟，其中有6种在此繁殖；有记录的海洋哺乳动物多达30种；更有超过1500种鱼在这里生活，其中有百余种鱼的繁殖依赖珊瑚礁的存在。对生活在这附近的人类而言，大堡礁也十分重要。

至少在4万年以前，大洋洲的原住民就已经生活在大堡礁周围的陆地区域，从广袤的大自然中获得食物。如今，大堡礁范围内的渔业和旅游业每年可以创造超过60亿澳元（约285亿元人民币，具体数值请以实时汇率为准）的产值。

除了多姿多彩的珊瑚，大堡礁还为其他许多海洋生物提供了庇护所。

玳瑁在澳大利亚西北海岸有分布，外形与其他海龟大致相似，最明显的特点是其鹰喙般的嘴，以及躯体后部锯齿般的缘盾。人类对玳瑁的过度需求（用其甲壳做工艺品），导致玳瑁的数量在世界范围内持续减少，已有灭绝的危险。

大堡礁从何而来？

时至今日，澳大利亚昆士兰州东北部沿海的原住民，仍然口述着这样的历史：现在属于大堡礁的那些地方，是旧时的海岸线；南部的菲茨罗伊岛也曾经是大陆的一部分。沧海桑田，大堡礁经历了怎样的变化呢？

大堡礁地区最早的珊瑚形成可以追溯至2500万年前，彼时昆士兰海域逐渐从温带向热带漂移，为珊瑚礁的大规模生长创造了最基本的温度条件。此后，这里的珊瑚随着海平面和海水温度的不断变化而生长、死亡甚至露出水面。科学家们认为，最初珊瑚礁并没有如此大的规模，直到60万年前才首次出现了类似于现在大堡礁的珊瑚礁结构。

经过对比地质记录，科学家们相信，原住民口述的历史正是发生在距今约1万年前（甚至更久，或许约1.3万年前），末次冰期消退，海水上涨前的场景。当时的海平面大约比现在低30~65米，随海平面上涨而淹没的大陆岛周围逐渐被珊瑚

俯瞰大堡礁。

礁石所占据。当大陆岛被完全淹没时,珊瑚礁也就可以生长于其上了。距今约6000年前,海平面最终上升到与现在相近的高度,大堡礁也渐渐生长成现在的规模。

　　珊瑚只能生长在热带的浅水区域。这并不是说海洋的其他地方没有珊瑚的存在。实际上,珊瑚纲的生物分布于世界的各个大洋,其生活的深度可以超过透光层许多。然而,珊瑚礁的形成需要造礁珊瑚的参与(大堡礁约有350种造礁珊瑚),而造礁珊瑚需要与一种特殊的自养藻类——虫黄藻共生,以获取生长必需的有机物和能量,供它们快速生长,其中最快的可以使珊瑚礁每年长25厘米以上。

现在的澳大利亚昆士兰州的大堡礁。

鹿角珊瑚（*Acropora austera*）科是数量和种类最多的一类造礁珊瑚。

珊瑚本质上是一种异养的动物，但是对造礁珊瑚而言，它们自己捕食获得的能量不到日常消耗的10%，大多数能量来自与它们共生的藻类。这些藻类也是珊瑚礁多种颜色的来源。健康的珊瑚礁就像健康的雨林，结构复杂，物种繁多，一旦珊瑚礁受到了致命打击，所有的美丽都将不复存在。

也许有一天，大堡礁终会消失

影响珊瑚礁生存的因素有很多——水温、光线、酸碱度、含盐量等。对于大堡礁而言，目前最大的问题是珊瑚礁的白化。白化是珊瑚虫受到压力（如水温上升）时，排出共生虫黄藻的一种现象，原本各种颜色的珊瑚在失去共生藻类之后基本会变成白色。

白化在短时间内是可逆的，环境恢复适宜状况后，珊瑚虫可以重新把浮游的藻类吸收回自己体内。如果白化持续过长，在几周之后，珊瑚虫会因饥饿而死亡。2016年，全球环境变化导致的水温上升使得大堡礁发生了有史以来最严重的白化事件，超过

健康的珊瑚会出现红、黄、绿、蓝、紫等各种美丽的颜色，这些颜色是其体内海藻的颜色。白化的珊瑚会排出体内的海藻，呈现白色。

白化的珊瑚，大堡礁发生的一次严重的珊瑚白化事件。

50％的珊瑚受到严重影响，到年底事件结束时，有超过20％的珊瑚死亡。到了2017年，大堡礁又受到了一次类似程度的冲击，在三四十年前，白化发生的时间间隔还是现在的5倍以上。加之2017年强热带气旋"黛比"及后续降水对珊瑚礁的影响，大堡礁的状态可以说是岌岌可危。

然而，对于由全人类的活动造成的大范围环境变化，澳大利亚政府尚没有有效的应对方法，只能加强监测，并控制一下爆发性增长的珊瑚天敌——海星的数量，以期珊瑚礁能扛过高温，自然恢复。

得益于热带、亚热带水域的温暖而生的"深海丛林"，也许有一天，会在更加温暖的海洋中消失。

知识点

南半球有一个独占整个大陆的国家——澳大利亚。

骑在羊背上的国家

■ 马程

一提到大名鼎鼎的澳大利亚，你会想到什么？是美丽的大堡礁，还是著名的悉尼歌剧院？是自由奔放的袋鼠，还是冬季常见的雪地棉鞋？

地广羊多的澳大利亚

澳大利亚是世界上唯一一个独占整个一块大陆的国家，国土面积约为769万平方千米，人口约为2570万。虽然澳大利亚地广人稀，但是有一种动物的数量却遥遥领先于其他国家，那就是澳大利亚的羊！

澳大利亚是世界上最大的羊毛生产国和出口国，产量足足占到全世界的1/3，因此它又被叫作"绵羊王国"和"骑

美利奴绵羊是澳大利亚最著名的绵羊品种，其产绒量比普通绵羊高，羊毛密度高且细度均匀。

在羊背上的国家"。澳大利亚的羊总数曾经达到过1.8亿只（1970年），人均10只羊以上。1只羊按产20千克羊肉计算，每千克羊肉产50串羊肉串，那么1只羊能做成1000串羊肉串，1.8亿只羊就是1800亿串羊肉串。按照一个班级40人来说，每人可以分到45亿串羊肉串，也就是说，每人每天吃100串的话，全班同学齐心协力吃上十几万年（假设羊不繁殖），才能把澳大利亚从"羊背上的国家"吃成"没有羊的国家"。

谁最先把羊带到澳大利亚？

澳大利亚是南太平洋上的一个大孤岛，原本没有一只羊。1797年，约翰·麦克阿瑟由好望角引进美利奴绵羊，澳大利亚畜牧业开始快速发展。

后来，人们发现澳大利亚真是羊群繁殖的"宝地"，这里有许多天然优质牧草，自流井多，气候温和，又没有大型食肉猛兽作为天敌。到19世纪20年代，绵羊数量已高达6000万只，羊毛产品远销海外，成为澳大利亚主要的出口商品。**羊的全身都是宝，羊肉、羊皮、羊毛、羊角、羊脂……这些宝贝源源不断地为这个国家贡献了大量GDP，以满足人们基础的生活需求。**

澳大利亚畜牧业产业化、机械化程度高，耗用劳动力少。所产羊肉和羊毛主要用于出口，商品率很高。

澳大利亚的畜牧业为何如此发达?

在此不得不提到澳大利亚因地制宜发展畜牧业的明智举措。在澳大利亚,**第一种放牧方式是放牧区的粗放(即粗放牧羊带)**。澳大利亚的中部、北部和西部炎热干燥。气候和草质不算优越,草场的承载量比较小,只能采用粗放方式放牧。但是好在草场面积广大,有足够的土地可供羊儿们尽情奔跑和繁殖。

> 这种放牧方式的地区多为天然草场,以毛用羊为主,生产不稳定。

第二种放牧方式是放牧与种植农作物兼营区的混合方式(即绵羊与小麦混合经营带)。澳大利亚东南部和西南部以地中海气候和温带海洋性气候为主,年降水量在500~1000毫米。这样的气候适合放牧,也适合耕种。

那在这样的气候条件下,到底该放牧还是耕种呢?智慧的澳大利亚人把两者充分结合,于是诞生了绵羊与小麦混合

> 这种放牧方式的地区大多土壤肥沃,农牧场规模一般比较小。人工草场广布,牧草品质好,产量高。以肉用羊为主,生产稳定。

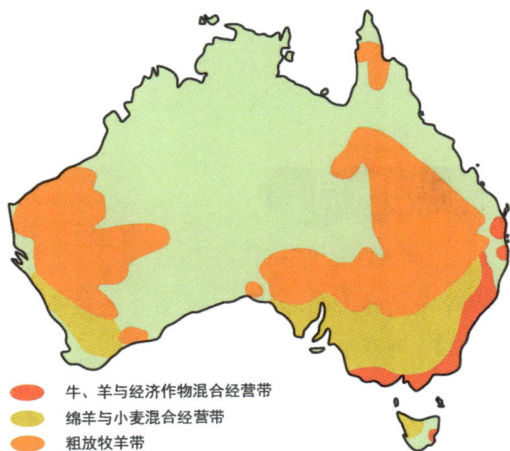

- 牛、羊与经济作物混合经营带
- 绵羊与小麦混合经营带
- 粗放牧羊带

澳大利亚牧羊带分布图,3种放牧方式因地制宜。

这种放牧方式的地区以人工草场为主，肉用羊、毛用羊并重。

经营带。小麦的种植在秋季，收割在春季末或夏季初，而冬季为小麦的生长季节，农事比较闲。这么多剩余时间正好可以牧羊，忙着给羊配种和剪羊毛，而且羊的粪便还可以"滋润"麦田。

第三种是高雨量区放牧（即牛、羊与经济作物混合经营带），主要分布在除了昆士兰州以外的澳大利亚沿海地带和塔斯马尼亚岛部分地区。这些地区全年降水丰富，年降水总量在1000毫米以上，土壤肥沃，适合人工草场种植。虽然面积不大，但是草质非常好，羊儿吃得饱、跑得欢，产量非常高。这些地区产出的羊数量占到全澳产出的羊数量的30%以上。

澳大利亚牧民为了感谢羊给他们带来的经济效益，独创了一个节日——羊节。每年8月14日，牧民们会燃放爆竹，向自己饲养的羊群贺喜，然后赶着羊群到一块水草丰美的地方放牧，让羊儿好好美餐一顿。

知识点

澳大利亚是世界上放养绵羊和出口羊毛数量最多的国家，被称为"骑在羊背上的国家"。

袋鼠会上树,考拉满地跑?

■ 张琴

作为孤悬海外的大陆,澳大利亚以其独特的动物区系闻名于世。说到澳大利亚的动物,大家最熟悉的莫过于**袋鼠和考拉(树袋熊)**了,袋鼠还被放到了澳大利亚的国徽上。

不过,你可知道有的袋鼠生活在树上?而终日在树上睡觉的考拉,却可以在地上跑得飞快?本篇文章的主角,就是**澳大利亚这些野生的哺乳动物**。

全球有袋类动物有300多种,一大半分布在大洋洲,剩下100多种主要分布在南美洲。

澳大利亚还有特有鸟类约450种,特有植物约9000种。

袋鼠壮硕如拳击运动员,喜欢在地上蹦蹦跳跳;而树袋熊则总是懒洋洋地在树上睡大觉。图为东部灰大袋鼠(*Macropus giganteus*,左上图)和树袋熊(*Phascolarctos cinereus*,右上图)。

鸭嘴兽(*Ornithorhynchus anatinus*,左下图)和短吻针鼹(*Tachyglossus aculeatus*,右下图)。

独特的哺乳动物

澳大利亚的哺乳动物，独特之处在于它们有着独特的演化地位。除了我们最常见的、胎生的哺乳动物之外，那些下蛋的哺乳动物（单孔目），只有在澳大利亚和临近的新几内亚才能见到，鸭嘴兽和4种针鼹是仅存的物种。

相比之下，澳大利亚的另一个特色类群——胎生但没有胎盘的有袋类动物数量更多。人们印象中的澳大利亚动物，大多是有袋类动物的形象。然而，有袋类动物并不只分布在澳大利亚和新几内亚，在南北美洲也有相当多的有袋类动物。根据演化特征，有袋类（有袋目）动物被分为了两大类，即澳大利亚有袋类动物和美洲有袋类动物。

有袋类动物的天下

澳大利亚300余种原生的陆生哺乳动物，有一多半是有袋类动物，剩下的多是蝙蝠和啮齿目动物；新几内亚岛上的情况也类似。而东边的新西兰，除了蝙蝠之外，就没有其他原生的陆生哺乳动物了。

由于有袋类动物在地面上的强势，它们占据了澳大利亚的多个生态位，从食草动物到食肉动物应有尽有。所有的袋鼠都是植食性的，其中，分布于澳大利亚北部和新几内亚岛的树袋鼠常年生活在树上。就连终年不见天日的地下，都有两种袋鼹生活于此。

没有被有袋类动物成功占据的有陆生的淡水捕食性动物的生态位，这一生态位被鸭嘴兽和水鼠等动物占据。

有袋类动物占据了澳大利亚哺乳动物的半壁江山，也由于此，它们的生活也受到了多种多样的威胁。就说树袋鼠吧，澳大利亚没有树栖的捕食者，大多生活在雨林中的它们也不太会受到猛禽的袭击。然而，早期的人类会以它们为食，还有近些年的毁林开荒严重破坏了它们的栖息地。

生活在树上的袋鼠——古氏树袋鼠（*Dendrolagus goodfellowi*）。

危机四伏的澳大利亚

考拉也是栖息地丧失的受害者。根据世界自然基金会2015年的报告，澳大利亚的开荒速率仍然居于世界前10，是其中唯一的发达国家。

除此之外，交通事故和狗的袭击也是考拉受伤乃至死亡的重要原因，考拉并不能在树梢上跨越树木，而是需要下地之后再爬上树。年轻的雄性考拉还会从出生地往外扩散，最远可以跨越10多千米的距离。

另外，由于考拉有以低能量的桉树叶为食的独特食性（这也是它们经常懒洋洋地睡觉的原因），它们的能量储备非常少，所以每年还会有考拉溺亡于居民家中小泳池的事故发生。

肉食性的有袋类动物的日子也不那么好过。最大体型的食肉类有袋类动物——袋狼（*Thylacinus cynocephalus*），在和澳大利亚原住民的竞争及澳大利亚野犬的入侵中，逐渐退缩至塔斯马尼亚岛，最终在20世纪30年代由于被猎捕（因为它们吃羊）而灭绝。

另外一种在塔斯马尼亚岛苟延残喘的食肉动物——袋獾（*Sarcophilus harrisii*），曾经被人视为恶魔而留下"Tasmanian Devil"（塔斯马尼亚恶魔）的名字。算是得益于袋狼的灭绝，袋獾在袋狼灭绝5年之后的1941年被列入保护物种名单。

袋狼。

虽然袋獾是夜行动物，但它们喜欢在阳光下休息。

虽然野生动物的处境依然艰难，但得益于较低的人口密度及澳大利亚政府、各种保护组织和机构、原住民团体乃至个人实施的保护措施，澳大利亚野生动物的前途依然是光明的。从笔者家出门，开车半小时就可以看到鸭嘴兽、袋鼠和考拉，也算是在这里生活的一个福利了。

知识点

澳大利亚的特有生物，是在地球演化过程中保留下来的古老生物种类。

黄石国家公园立法之路

■ 王颖

　　夏天开着越野车从美国犹他州首府盐湖城一路向北，会看到广袤的草场，碧绿连天，其间常有马群点缀，悠闲惬意。抑或有丘陵起伏，无边无际，好像永远也走不出去。这样经过一天的颠簸，就会来到黄石国家公园的大门。

大自然的鬼斧神工

　　黄石国家公园于1872年成立，因为位于黄石河发源地而得名，是世界上最早的国家公园，地跨美国的怀俄明州、蒙大拿州和爱达荷州。在美国进行西部开发的过程中，黄石国家公园从一开始就受到了与众不同的对待，没有受到大的破坏和战争的摧残，这是黄石国家公园的幸运，也是全人类的幸运。

　　它是世界上知名的国家公园，1978年进入联合国《世界遗产名录》。人们在感叹黄石国家公园的幸运之时，不得不提起几个人，

位于公园北面入口的罗斯福拱门。

111

美国黄石国家公园内的大棱镜泉，又称大虹彩温泉，是美国最大、世界第三大的温泉。它宽75~91米，深49米，水温高达85℃，每分钟涌出约2000升泉水。它最早于1839年被探险家发现。一旁的木制栈道可以让游客接近大棱镜泉。

因为如果没有他们的远见卓识，也许就无法看到今天的黄石国家公园，这幅大自然鬼斧神工的美丽画卷也许就永远消失了。

黄石国家公园地区的人类活动大概可以追溯到11 000年前，当时的印第安人在这里从事渔猎活动，过着原始的生活。最早来到这里的西方人是法国人，大概在18世纪末，他们看到了从未见过的壮丽景色。

后来，英国、法国和美国的科学家和探险者先后来到这个地区考察和探险，陆续发现了奇特的黄石峡谷、翻腾的地热喷泉、稀有的树木化石和丰富的动植物。

11年的努力终成正果

1859年，美国陆军测量员威廉·雷诺兹上尉开始对落基山脉进行一次为期两年的测量工作。在怀俄明州度过一个冬天

公园里很常见的叉角羚（*Antilocapra americana*）。

后，1860年5月，他与包括地质学家费汀南德·凡德威尔·海登和导游吉姆·布里吉尔在内的小组对黄石地区进行了科学考察工作。

虽然困难重重，但他们还是成功地实现了目标，成为首批有组织地进入黄石地区进行测量的人员。

从黄石地区考察回来，地质学家海登教授对这次经历非常重视，他不吝笔墨，将这里的山川河流、动植物和气候季节变化描述出来，不厌其烦地、顽强地向美国国会提出建议，要求国家对这个地区给予保护。

功夫不负有心人，经过海登长达11年的不懈努力，1872年3月1日，《设立黄石国家公园法案》获得了批准，世界上第一个国家公园成立。

冬天的黄石国家公园。

国家公园之父

　　还有一个人值得一提，他叫约翰·缪尔。缪尔是美国著名的自然保护主义者，自称是"大自然的儿子"，自年轻时起就在落基山脉中穿行、攀登、居住和考察。缪尔堪称美国国家公园之父，在他的积极倡导下，美国将国家公园的管理纳入法律轨道，通过立法进行规范，一大批自然景观被纳入国家公园系统：优胜美地、大峡谷、落基山和迪纳利等。

　　他曾说："与森林保护区不同，国家公园不会对盗卖和非法闯入现象默不作声，它们被卓有成效地管理着，由内务部长领导的一小队骑兵守卫着。在这些保护和关照下，森林生长得茂密繁盛，没有刀斧和山火之忧。"

　　在当时的美国，虽然已经有森林保护区及其相关规定，

优胜美地山谷和
默塞德河。

但是大多停留在州政府层面，对于像黄石国家公园这样地跨
几个州的区域如何有效保护，还没有配套法律。因此，保护区
的保护存在各自为政、受州内利益左右等问题。缪尔推动的、
在联邦层面上确立的国家公园法，其保护力度更大，更利于统
筹安排。现在，美国已经有专门负责国家公园事务的国家公园
管理局，在保护和开发这些区域的过程中发挥着重要作用。

在克林顿执政期间，有公司在黄石国家公园边缘地带进
行勘探和采矿活动。虽然他们有州政府颁发的许可证，但是在
环保主义者和国家公园管理局的干预下，最后通过法律将问
题提升到联邦层面。参众两院讨论认为州政府的行为违反了
联邦土地管理的规定，迫使环评报告一拖再拖，勘探和采矿工
作始终无法进行，州政府发放的采矿许可证形同虚设，公司不
得不改变计划，接受环保组织提出的条件，撤回申请，置换地
块，异地开采。

缪尔是早期自然保护主义者，也是妙笔生花的自然随笔作者。他为之努力的国家公园保护事业后继有人，并且发展蓬勃，遍及全球，自然保护理念深入人心。我想，所有人都渴望达到他笔下的境界：

> 只要我还活着，
> 我就要倾听风儿、鸟儿
> 和瀑布的歌唱。
> 我就要读懂岩石、洪水、风暴
> 和山崩的语言。
> 我要和原野、冰川做朋友，
> 尽我所能贴近大自然的心。
> ……
> 夜晚来临，我便就地露营，
> 我不慌不忙，不赶不急，
> 和树木、星星一样悠闲，
> 这是真正的自在，
> 一种美好的、可以实现的永生。

知识点

美国国土辽阔。本土绝大部分位于温带，地形呈南北纵列分布。

假如在美国当农夫

■ 云无心

美国的农场很大,农民很少。**一个家庭农场往往拥有几千亩甚至更多的土地**。美国每年大约要生产90亿只鸡,但仅有大约2万个养鸡场。

> 美国耕地广大,其耕地面积约占世界耕地总面积的10%。

高效的机械化生产

农场主用很少的人来耕种这么多土地,或者养殖这么多禽畜,依靠的是机械化和自动化。在农产品生产环节,从耕地到下种、打药再到收割,农场主一般会采用大型机械,比如喷洒农药可能会动用小型飞机。肉鸡和蛋鸡的养殖基本上是采用生产线的形式。小鸡进入鸡舍之后,饲料和水的供应、鸡蛋的收集和粪便的清除,都是采用流水线的形式进行。

西雅图派克市场提供的新鲜蔬菜。

117

农场主用拖拉机喷洒杀虫剂。

农业生产的"工业化",还体现在社会分工上。无论是种植还是养殖,农场主的角色都不是传统意义上的"农夫",而更像是生产活动的协调者和管理者。在多数农业生产中,农场主所做的工作只是产业链上的一个环节。

在农业生产中,遇到一些专业度高或者劳动强度大的操作,农场主也会雇用专业公司来完成,比如杀虫。这样的运作方式,保证了农场主只需要很少的常规人力就可以打理规模很大的农场。同时,农场主也不用担心市场波动对产品价格产生过大的影响,收入不会有大的波动。

加州农场。

先进的农业技术

这种大规模、机械化和专业化的农业生产方式，很大程度上依靠先进的农业技术。首先，美国的农业技术非常发达。美国的耕地基本上地处平原，可以很方便地使用大型机械和水、电、气，同时运输也都很方便。传统上需要手工完成的劳动，大都可以用大型机械来完成。

其次，美国的育种技术很发达，人们对于新品种也易于接受。比如新型大豆品种具有抗除草剂和抗虫害的特点，消除了人工除草的工作量，人们只需要喷洒除草剂就可以了；精心培育出来的"速成鸡"，只需要5~6周就可以长成；优质品种的母鸡日产蛋率能超过90%。

最后，化肥与饲料大大提高了生产效率。耕种一亩地所需要的人力大大降低，而产出却大大提高。猪吃饲料多长肉，奶牛吃饲料多产奶，鸡吃饲料多下蛋或者多长肉。例如，在良好的养殖条件下，用配比合理的饲料饲养品种优良的鸡，鸡每吃下1千克饲料，就能够长出约0.5千克肉。

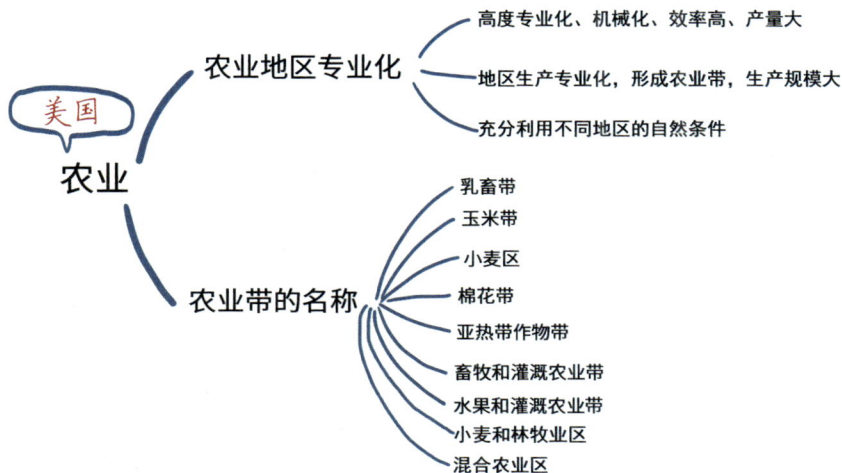

美国
农业
- 农业地区专业化
  - 高度专业化、机械化、效率高、产量大
  - 地区生产专业化，形成农业带，生产规模大
  - 充分利用不同地区的自然条件
- 农业带的名称
  - 乳畜带
  - 玉米带
  - 小麦区
  - 棉花带
  - 亚热带作物带
  - 畜牧和灌溉农业带
  - 水果和灌溉农业带
  - 小麦和林牧业区
  - 混合农业区

因此，**美国的农业人口虽然少，生产的农产品却远远超过其国内需求，可以大量出口到其他国家。** 因为生产水平高，产品质量好，生产成本相对较低，所以美国的农产品在国际市场上很有竞争力。

充满乐趣的传统农场

除了这些大型的、工业化生产的农场，美国还有一些传统的农场。农夫会把种植、养殖的东西拿到"农夫市场"去销售，就像中国农村的赶集一样。

还有一些农场会举办类似现在国内比较热门的"农家乐"活动，通过消费者自己采摘的方式来销售农产品。此外，农场还会有一些儿童游乐设施。在收获季节，这种农场会给孩子们提供游玩、接触自然、体验生产的机会，很受大家欢迎。

美国许多农产品的生产量和出口量居世界前列，是世界上的农业强国。

知识点

美国农业生产的各个过程和环节都实现了机械化和专业化，效率高，产量大。

亚马孙河的老家在非洲?

■ 溯鹰

我有一块小石头,它的棱角方正,并且泛着翠绿的色泽。它有一个美丽的学名:天河石。在最初接触它的时候,我觉得它的名字一定与天上的银河有关。

后来,我掌握了越来越多的地质知识,才终于了解到,原来,天河石只是这块小石头英文名的意译,而这个英文名来源于人们最初发现它的地方,和那一抹翠绿并没有太大关系。

天河石的英文名读作"亚马孙奈特"(Amazonite)——这个名字里透露出来的产地信息,自然是指享誉世界的河流——亚马孙河(Amazon River)。

天河石是长石矿物的一种。

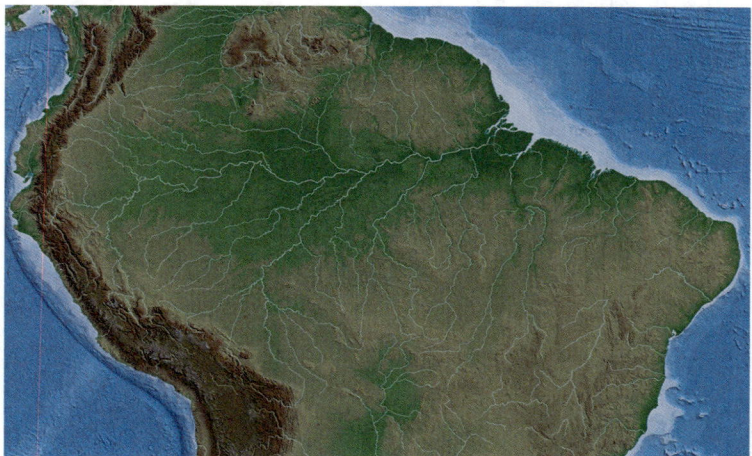

亚马孙河流域的俯瞰图。

地球之肺

亚马孙河长6000多千米，几乎横贯了整个南美洲。它发源于秘鲁的阿普里马克（Apurimac）水系，接收1万多条支流的汇入，一路向东滚滚流淌，最终在巴西的贝伦市附近流入大西洋。亚马孙河是世界上流量最大的河流，它一条河的流量，比尼罗河、长江、密西西比河的总流量还要大。一条亚马孙河的流量就占了全球所有河流总流量的20%。

亚马孙河经年不断地从安第斯山麓挟带泥沙，为所经流域注入矿物质。加之它流经热带，带来丰沛的降雨。于是，在它的冲积平原上，繁育着一片巨大的热带雨林。这片面积达700多万平方千米

亚马孙河60%在巴西境内。

"地球之肺"

为全球提供新鲜空气；

涵养水源，保护淡水资源；

调节全球气候；

提供木材、药材、食品等；

保护土壤，防止土壤被侵蚀；

提供良好的生物生存环境，维护生物多样性。

的热带雨林是全球最大的热带雨林，有着惊人的生物多样性，是全球物种最丰富的雨林。巨大的体量使得它成为地球重要的氧气来源，并且它还调节着全球气候的变化，因而被喻为"**地球之肺**"。

亚马孙河的故乡在非洲

亚马孙河向人们诉说着流不尽的故事，如雨林的故事、土著文化的故事，以及它自己起源的故事。曾经的它并非像现在这样从巴西东部注入大西洋。事实令人吃惊：它真正的家乡，其实是远在大西洋对岸的非洲，和流经今日中非腹地的刚果河有着密切联系。

亚马孙雨林的俯瞰图。

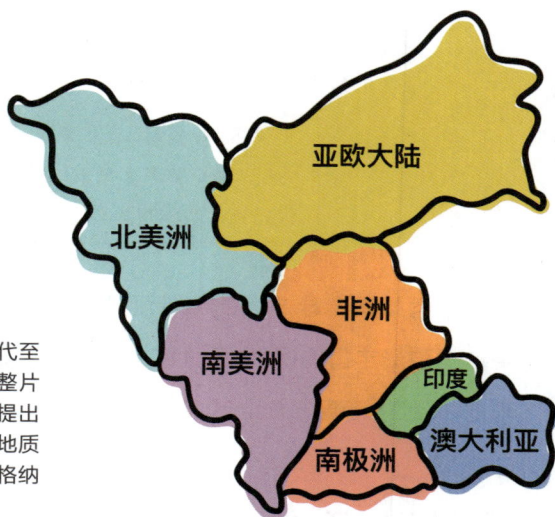

亚欧大陆

北美洲

非洲

南美洲

印度

澳大利亚

南极洲

盘古大陆是指在古生代至中生代期间存在的一整片陆地。这个名字是由提出大陆漂移学说的德国地质学家阿尔弗雷德·魏格纳提出的。

为什么一条南美的河流,反而与隔洋相望的非洲有联系呢? 这要从6500万年前说起,那是一个恐龙们还没有告别这个世界的年代,那时的南美洲与非洲连为一体。

古老的原始亚马孙河就是从这个联合大陆(盘古大陆)中央的山脉里发源的,一路向西奔流,注入太平洋,而不像今天这样注入大西洋。

后来在软流层的不断拉张下,这个联合大陆从中间裂开了一个大口子,西半部分被叫作南美大陆,东半部分被叫作非洲大陆,分别向着西、东两个方向缓缓漂移。

南美大陆往西移动,"侵犯"到了太平洋里纳斯卡板块的"地盘"，两者的挤压导致了安第斯山脉的隆起。这条横空出世的山脉，就像一座大坝一样，阻碍了当时亚马孙河滚滚向西的河水。这些河水流不出去，就在南美洲的腹地淤积形成了一个巨大的湖泊。后来随着南美大陆和非洲大陆越漂越远、大西洋不断扩张变大，非洲的中央山脉再也无法向已经隔洋相望的南美大陆输送水源了。

严重缩水的史前大湖

此时，这座被叫作"安第斯"的大坝，从"阻碍者"摇身一变，当起了"维持者"，戏剧性地接过了为"亚马孙大湖"输入水源的职责。整个形势反转的过程，最终使亚马孙水域的流向从自东向西变为自西向东，从注入太平洋变为注入大西洋。

到了冰河时代，气候的转冷，让全球水平面大幅度下降，这个巨大的湖泊再也没有能力维持它的水位，缓缓干涸，从史前的洲

安第斯山脉。

安第斯山脉的俯瞰图。

125

巴西玛瑙斯市附近的亚马孙支流。

际大湖,缩减成了密集分叉的河流。得益于水系长期的冲刷,这片原始大湖驻扎的区域,早已被刷成了平坦的冲积平原,为今日热带雨林的发育打下了坚实的地貌基础。

　　这条世界上流量最大的河流,居然是从一个史前大湖严重缩水而形成的,这事实令人唏嘘不已。在大自然的悠悠历史面前,"沧海桑田"这个词能指代的对象,实在太多。

知识点

世界上流域面积最广、水量最大的河流——亚马孙河,流经巴西北部。

面朝大海，没有春暖花开

■ 溯鹰

南极，一个陌生却又熟悉的名字。每当我们提及它，浮现在脑海中的往往不止一组概念。它究竟是指一个精确的点、一片地理区域，还是一个大陆？

南极的三层含义

第一层含义，所谓南极（The South Pole）是指"南的极限"，即地球的最南端。在这层含义下，南极便是"南极点"的简称，指地球自转轴与地球表面的南交点。这是它作为一个精确地理坐标的含义。

第二层含义，南极又可以是"南寒带"——南极圈内区域的泛称。这层含义上的"南极"，是指地球气候的分带单元。在

南极洲。

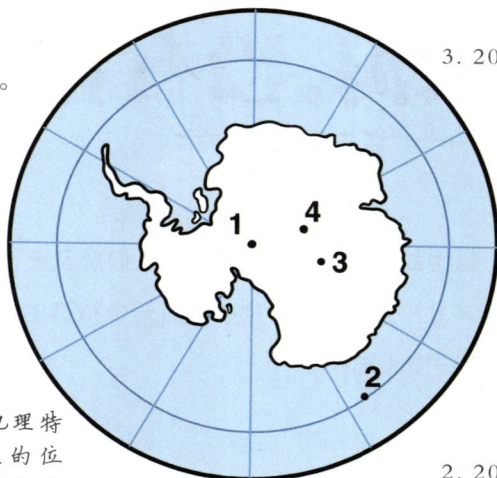

1. 地理上的南极点。

3. 2005 年的地磁南极。

4. 难抵极（由于地理特征而最难以到达的位置，通常是指离海岸线最远的点）。

2. 2007 年的地磁南极。

南极圈内，整个区域不仅气候特征相同，而且在生态环境上也有着一致性。

如果你随一位船长在南半球远航，由北向南跨过南极圈、进入南寒带之后，尽管离"南极点"还有很远一段距离，但船长可能会告诉你："我们已经进入南极范围啦。"

第三层含义更有意思：南极圈内近乎完美地囊括了一片大陆，于是，"南极"又成了这片大陆（南极洲）的简称。当科考船稳稳地在南极大陆靠岸时，刚才那位跟你讲"已经进入南极范围"的船长可能又会告诉你："恭喜你踏上南极。"

各大洲与各国

在中文中,同一个简称可以有三层含义,相比之下英文就直观得多。南极点是"The South Pole";南极圈不是"The South Pole Circle",而是"Antarctic Circle"。"Anti"是反的意思,"arctic"是指北极,"Antarctic"的字面意义便是"与北极相反的"。了解了这个词的意思后,就不难理解"Antarctica(南极洲)"的意思了。

南极最大的特征是整个大陆上没有国家,只有无数的企鹅在这片远离喧嚣的洁白土地上繁衍生息。

从没有春暖花开

世界七大洲里,没有哪个大洲像南极洲这样游离于尘世之外。在人类的视角里,地球大陆最明显的属性就是被一条条国界线分割成不同的领土。

在世界地图上,其他各大洲都被不同的国家所填充,体现为形形色色的色块,唯独南极洲是一片雪白。这体现了南极洲最大的特征——白。从卫星照片上看,南极洲的确是一片白茫茫的雪原。那么,南极洲是一个漂浮在冰冷海洋之上的巨大冰盖吗?

并不是,南极洲和世界其他大洲一样,也是一片实实在在的土地。只不过这片土地表面覆盖着巨厚的冰雪，看上去好似一片完整的巨大冰盖。如果把这层冰盖像"被子"一样揭开，我们便会发现冰川下面的土地和我们所站立的亚洲、欧洲、美洲上的土地其实并无不同，它们都是由表层的沉积岩和更深一点的火成岩所构成的。在这些沉积层中埋藏着温带动植物化石。化石是生物的遗存，那是否表明今日冰天雪地的南极圈曾经是一个春暖花开的世界呢？

并不是，**南极圈内从来没有春暖花开过**。事实上，南极大陆的地层中之所以有温带生物化石，原因在于这片大陆会"乱跑"。按大陆漂移假说，在地球历史上，这片被称为南极洲的土地，原来并不在南极圈内，而是处于南半球中纬度地区，大概和今日非洲南部或者澳大利亚的位置差不多。当时它并不是一个独立的大陆，而是一个古老的超级大陆——冈瓦纳古大陆的一部分。

南极地区是地球上最冷的地区，年平均降水量55毫米，也是地球上的"风库"。

愿平静永驻南极

不少人担心：南极洲冰盖大面积融化是不是很可怕？大气中温室气体的增加，不免会使全球平均气温升高，而极地冰盖很敏感，平均气温高一些，就会令极地的一部分冰融化进入海洋。

一片白茫茫的南极大陆。

20世纪20年代以来，许多国家先后派出科学考察队到南极地区考察。目前，20多个国家在南极地区建立了150多个科学考察实验站。图为乔治王岛上的俄罗斯南极研究站。

地球表面积就这么大，海洋中凭空多出许多水，自然会使全球平均水位升高。对于人类来说，这个事情比较麻烦，因为很多世界级的大都市坐落在海边。

现在的我们处于一个间冰期内，短期内这样的灾难应该不会发生。但就算这样，保护环境依然刻不容缓。

道理很简单：未来谁说得准呢？工业级的全球开拓，在地球上是史无前例的事情。没有经验能够告诉我们，这样下去环境究竟会如何变化。

保护环境意义重大，绿水青山给了我们切实的安全感。我想，生活在南极的企鹅，不希望看到自己的故乡一点点融化；而你大概也不希望看到自己的故乡有朝一日沦为泽国。让我们从自己做起，一起保护我们共同的家园吧。愿美丽与平静永驻南极。

知识点

南极地区是指南纬60°以南地区，包括南极洲及其周边的海域。

得天独厚的中华大地

■ 溯鹰

　　泱泱中华大地，自然条件得天独厚，滋养了古老的华夏文明。那么，哪些地理因素为我们文明的持久兴盛提供了良好的条件呢？

得天独厚的气候条件

　　这其中，最直观的莫过于气候了。打开一张全球卫星遥感图，便可直观感受到我国地理位置的优越性。卫星遥感图是地表真实色彩的写照。

我们很容易区分出大陆的两种主要色调：黄色代表着植被稀少的干旱地区，而绿色则代表着植被茂盛的湿润地区。

中国的陆地主要位于北半球中纬度地区，在遥感图上你会发现，在这条纬度带上的大部分陆地——无论北半球还是南半球，干旱的枯黄似乎是唯一主导的色彩：澳大利亚腹地，干旱；中东和中亚，干旱；北非，干旱；北美洲腹地大部分地区，干旱。而中国的大部分地区，一片绿茵茵的色泽，风景此处独好。

我国的地势从内陆至沿海恰好呈三级阶梯分布：我国深入内陆一侧的国土位于高阶地势，而临近海岸线的一侧则是低海拔的平原。第一级阶梯（青藏高原）在中纬度的横空崛起，阻挡了来自亚洲大陆腹地的西风，让季风能够"施展拳脚"，从而让这条本注定干旱的纬度带上，出现了一片翠绿浓郁的土地。

青藏高原的卫星遥感图。

三级阶梯的分布，让来自海洋的水汽更容易深入内陆，同时也让湿润且四季分明的**季风气候**的分布面积广大。如果地形变成了东高西低，那么中国的气候就会大不一样。炎炎夏日，位于一、二级阶梯的高原内陆，其气压低于东侧的海洋；而凛冬将至时，内陆高原转变为高压区，而海洋则切换为低压区。于是无论冬夏，冷热气流都会产生激烈交锋，并在锋线上带来丰沛的降水。

季风气候的主导因素是海洋和陆地的差异。

　　高原的阻挡、季风的盛行，共同为这片土地提供了滋养大型农耕文明的前提条件。

　　但要想成为兴盛的粮仓，所需要的并不仅仅是气候，平坦的地貌同样是不可或缺的条件。三级阶梯依然会说："没问题，包在我身上。"

奔腾而下的冰川融水

　　青藏高原是地球的"第三极"，蕴藏着巨量的**冰川**。随着气候转暖，大量融水从冰川中流出，沿着地势阶梯，一路自西向东、自上而下奔腾，孕育出了横贯神州的母亲河——长江、黄河。

冰川融水是黄河、长江的重要水源。

　　它们挟带着的从高原上剥蚀下来的泥沙、岩石碎屑等，沿着滔滔江水（河水）顺流而下，并在下游沉积。千万年的沉积，使得河流下游铺展成为两片巨大而相互衔接的平坦沃土：华北平原和长江中下游平原。

蕴藏财富的海岸线

河流在入海口汇入海洋，会把挟带的沉积物堆积在入海口。河流和海浪对这些沉积物的共同塑造，勾勒出我国绵长的海岸线。在这片海岸线之外，还蕴藏着另一种财富。

我们处在被动陆缘。所谓被动陆缘，就是没有活跃构造运动和火山活动的稳定大陆边缘。在这里，高耸的大陆地壳和低沉的海洋地壳之间稳定过渡。

海水虽然主要盛放在洋盆（海底的盆地，水深比周围地区深）中，但由于海平面比大陆边缘稍高一些，会淹没部分大陆边缘。

由于本身比较高且平坦，大陆架被海水浸没时，就会成为一片稳定的浅海。浅海不仅仅是渔业资源集中分布的优势区，同时也是石油和天然气的巨大储库。此处的浅海生物死后埋入海底、越埋越深，经长时间演化形成石油和天然气，而河流持续带入的巨量沉积物，便为这些石油、天然气提供了规模庞大的储集空间。

神州大地的地理优势，靠短短的篇幅是远远道不完的。我们

> 这部分被海水淹没的大陆边缘被形象地称为大陆架，如同一个棚屋的架构。

大陆架区域图示

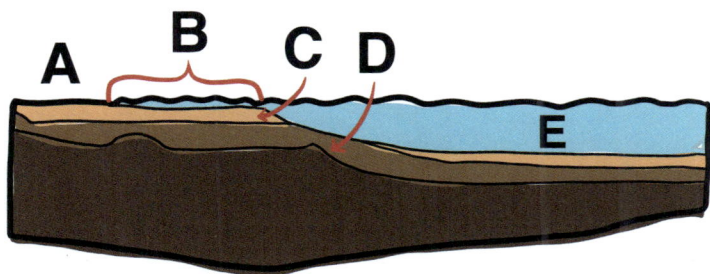

冲积区
岩石
地壳

A 海岸 B 大陆架 C 大陆坡 D 陆基 E 海洋

的国土太广袤了，任何有意思的地理演化故事，都会在这里生根、发芽。这片土地不仅延续着华夏文明千年的血脉，还是一盏足以点亮未来航路的明灯。

看看在海岸线上竖起的一座座高耸的钻井平台，就知道这块稳定的大陆架到底给予了我们多么宝贵的馈赠了。

三级行政区划 —— 行政区划

省（自治区、直辖市、特别行政区）、县（市、自治县）、乡（镇、民族乡）三级

疆域

位置优越
国土辽阔

位置优越 —→ 半球位置、纬度位置、海陆位置

国土辽阔 —→ 陆地面积居世界第三，约960万平方千米

临海 —→ 渤海、黄海、东海、南海，台湾岛东岸直接濒临太平洋

内海 —→ 渤海、琼州海峡

岛屿 —→ 台湾岛、海南岛、舟山群岛、南海诸岛等

邻国 —→ 14个陆上邻国，其中有2个国家与我国海岸相邻，此外我国还与6个国家隔海相望

知识点

从世界看中国——地理位置优越、海陆兼备的大国。

曹操赤壁之败，只因一个知识点

■ 朱岩

"东风不与周郎便，铜雀春深锁二乔。"杜牧追念赤壁之战的诗句脍炙人口，而"借东风"的三国故事更是家喻户晓。

不过不知道你是不是思考过，军事才能出众的曹操为何没有想过被火攻的可能？诸葛亮和周瑜的"东风"又为什么需要大费周章地"借"来？

说到底，这都是中国独特的气候惹的祸。根据史书记载，赤壁之战爆发时正值隆冬。长久积累的生活常识告诉曹操，这个季节盛行西北风。因此，雄踞长江北岸的曹军战船可以高枕无忧，不需要担心火攻——火借风势，即使起火，遭殃的也会是长江南岸周瑜统帅的水军。出于对自己地理知识的信心，曹操并未听从手下谋士的劝阻，坚持将战船用铁索连接起来，以解决战士晕船的问题。

赤壁旧址。

地理学家说："学霸" 就是 "学霸"

现代地理学家们的研究,其实验证了曹操对气候整体规律的认识:**在中国东部地区,冬天盛行偏北风,夏天盛行偏南风**。曹操的自负并非毫无道理。

冬季风产生于亚洲内陆,性质寒冷、干燥,在其影响下,中国大部地区冬季普遍降水少、气温低,北方更为突出。夏季风来自东南面的太平洋和西南面的印度洋,性质温暖、湿润,在其影响下,降水普遍增多,雨热同期。

他们把这种随季节规律性变化方向的风,叫作季风。

不过,这么有特点的季风是如何形成的呢?这还要从一个物理学概念说起。物理学家发现,不同的物质吸热或散热的能力是不同的。也就是说,在吸收或放出相同的热量时,有的物质升高或下降的温度多,有的则少。这个性质被叫作**比热容**,比热容越大,加热该物质需要的热量越多。

地球的表面有陆地,也有海洋。陆地上的岩石、土壤比热容较小,海水比热容较大。这样,陆地和海洋在吸收或放出相同的热量时,升高或下降的温度就有所不同。

夏天时,陆地接受大量太阳辐射升温迅速,而海洋升温较慢,温度低于陆地。温度的差异带

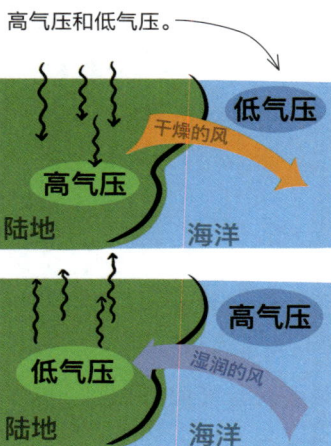

高气压和低气压。

干燥的风
低气压
高气压
陆地　　海洋

高气压
湿润的风
低气压
陆地　　海洋

假想空气分子

暖空气
密度较小,较轻
气压较 低

冷空气
密度较大,较重
气压较 高

热力学中常用的一个物理量,表示物体吸热或散热能力,比热容越大,物体的吸热或散热能力越强。

来了气压的差异。高温的陆地空气受热上升，形成一个低气压的中心；低温的海洋空气受冷下沉，形成一个高气压的中心。气压的差异引起了空气的运动，高气压区域的空气向低气压区域不断移动，形成我们熟悉的风。因此，夏季风从海洋吹向陆地。

冬天时，情况正好相反。陆地释放出能量，温度迅速下降，而海洋降温较慢，海洋的温度反而高于陆地。陆地空气下沉，形成高气压中心；海洋空气上升，形成低气压中心。因此，冬季风从陆地吹向海洋。

就这样，夏天与冬天，风向出现了规律性的变化。看起来有些复杂的原因，也可以简单概括为：季风的形成原因是海陆热力性质的差异。

中国的东部沿海地区，是世界最大的大洋——太平洋与最大的大陆——亚欧大陆的交界地带，海陆热力性质的差异最为突出，也就成了世界上季风气候最为典型的地区。根据科学的观测与研究，大兴安岭、阴山山脉、贺兰山、巴颜喀拉山、冈底斯山脉一线以东和以南的区域，一年中会受到冬季风和夏季风的影响，冬季盛行偏北风，夏季盛行偏南风。

因此，曹操的地理知识没有大错，隆冬时节的赤壁，大多数时候确实应该刮北风，从曹操所在的北方吹向诸葛亮和周瑜所在的南方。

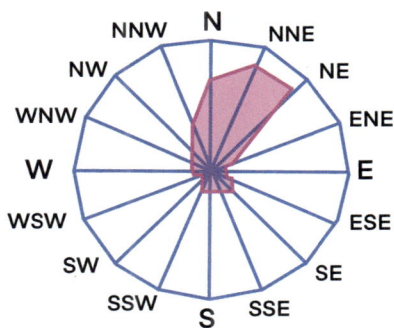

武汉站冬季风玫瑰图

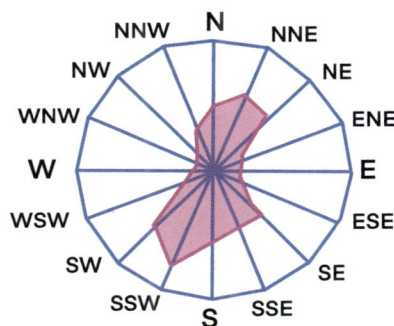

武汉站夏季风玫瑰图

风玫瑰图可以用来表示某一地区的风向变化情况，从某一方向刮来风的天数越多，该方向的标线就越远离中心，靠近外侧。武汉市离赤壁之战发生地不远，从图中可以看出，冬季确实东北风出现得最多，但是东南风也少量存在。

当"学霸"遇到"学神"

现代的地理学家无论怎样为曹操站台，也改变不了赤壁之战的惨败。仓皇北返的曹操，一定会在路上苦思"风为什么会改变方向"。

现实就是这样残酷，自然就是这么复杂。真实的自然环境复杂多变，局部地区的天气受到各种不同的环境因素的影响，常会发生难以预见的波动。冬季盛行偏北风是大的规律，但并不代表每天都刮同样的风。短时间的风向改变也是正常的天气现象。

诸葛亮在离赤壁不远的荆州一带生活多年，对这里的地理环境了解更多，认识更为深入。于是在赤壁之战中，做了一次准确的"中期天气预报"，"借"来了在这个季节少见的东风。孙刘联军火烧赤壁，大获全胜。

地理"学霸"曹操遇到了地理"学神"诸葛亮，也就只能仰天长叹了。

我国的平原地区，自古以来都是世界上重要的农业产区。

季风还能带来什么呢？

除影响赤壁之战的胜负之外，季风气候还会给人们的生活带来怎样的影响呢？

季风影响下的气候有着明显的季节差异：冬季寒冷而降水稀少，夏季炎热而降水丰沛。这主要是由于从海上吹来的风挟带大量的水汽，而从内陆吹来的风往往十分干燥。

这种高温与降水同步出现的情况，被称作"雨热同期"，非常有利于农业生产。人们早就发现了这一点，充分利用气候的优势，种植水稻、小麦等各种农作物。中国、日本和东南亚的平原地区，自古以来都是世界上重要的农业产区。

与此相对，亚欧大陆西端的地中海沿岸，夏季高温而干燥，冬季凉爽却多雨。即使其他自然条件出众，但明显的雨热不同期对植物生长十分不利。

不过，正如隆冬时节也会被诸葛亮"借"到的东风，季风的馈赠有时候也不是那么可靠。由于大气状况与气温的变化，季风每年的强弱与进退时间都会有差别，这就会产生不同的天气，甚至是灾害。

就拿中国的夏季风来说，在它较强的时候，往往会快速掠过南方，到达华北甚至东北地区。这样往往会给北方带来大量的降水，而南方地区雨水稀少，形成"南旱北涝"的状况。与此相反，当夏季风较弱的时候，暖湿的气团就会在南方停留较长时间，阴雨不断，导致"南涝北旱"。正因如此，中国自古以来旱涝灾害频发。

冬季风同样不能信赖。当冬季风势力过强的时候，会将西伯利亚的冷空气一直带到广东甚至是海南岛，使得中国南方的冬季，气温经常低于同纬度的其他地区。严重的时候，还会形成"寒潮"灾害，给农业生产和人们生活带来很大影响。

季风气候导致旱涝灾害频发。

说了这么多,这样的季风气候是该爱还是该恨呢?

如果你犹豫不决,不妨打开一张世界地图,看看北纬20°~30°都是什么样的地方:阿拉伯半岛上的阿拉伯沙漠、印度西北部的印度沙漠、自美国西南部延伸至墨西哥的北美沙漠,还有非洲北部浩瀚无边的世界最大沙漠——撒哈拉沙漠。

由此观之,如果没有季风,曹操即使赢得了赤壁之战,收获的也只是一片黄沙漫漫的江南。

知识点

中国南方的气候

冬季盛行从陆地吹向海洋的偏北风,夏季盛行从海洋吹向陆地的偏南风。

都江堰，伟大的水利工程

■ 马程

　　"益州险塞，沃野千里，天府之土，高祖因之以成帝业。"陈寿在《隆中对》中高度评价的"天府之土"，指的就是今天的**成都平原**。它美丽富饶，民熙物阜，是中国重要的商品粮油基地。但是，谁曾想到，在秦朝之前，这里旱涝灾害频发，经常颗粒无收，是名副其实的"人或为鱼鳖"之地。

> 成都平原位于四川盆地西部，农业发达，物产丰富。

　　这很大程度上是成都平原的地形造成的。**四川盆地**的周围都是高山。有许多条河流从山上奔流而下，而岷江就是其中重要的一条。岷江沿着高山深谷一路奔腾而下，到四川灌县（都江堰）附近，忽然进入一马平川的地带，因水势浩大，往往冲决堤岸，泛滥成灾。从上游挟带的大量泥沙也容易淤积在这里，导致河床抬高，水患加剧。特别是在灌县城西南，有一座玉垒山，阻碍江水东流。每年夏秋季节，西边往往江水泛滥，而东边的成都平原却常常发生旱灾。

> 四川盆地有着富含磷、钾等矿物养料的紫色土壤，是我国重要的稻米产区，而且还盛产油桐、甘蔗、柑橘等多种亚热带植物。

远眺都江堰。

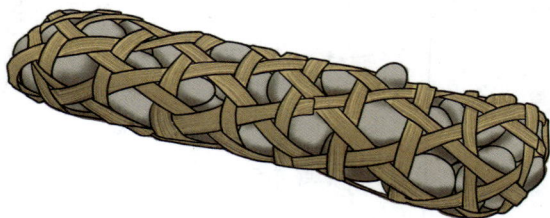

都江堰筑堤用的竹笼。

那么，成都平原是如何"摇身一变"，变成了如今的"天府之国"呢？这要归功于战国时期的李冰父子。李冰到蜀郡上任后，面对这块闲荒之地，下决心治理水患，修建了泽被后世的都江堰水利工程。

为了解决"西涝东旱"的问题，李冰带着一众干将决定"开山引水"，即凿开玉垒山，灌溉成都平原。在今天，对于开山我们只需测定位置、计算炸药量就可以了，但是2000多年前，开山没有那么容易。按当时的条件，用钢钎和铁锤等传统的方式，凿开玉垒山至少需要30年。李冰在这种情况下，创造性地想出了运用火烧水浇的方法，利用热胀冷缩的原理使岩石迸裂疏松，进而开凿。历经8年，终于在玉垒山凿出了一个宽20米、高40米、长80米的山口，取名为"宝瓶口"，开凿玉垒山分离后的石堆留在江中，命名为"离堆"。有了"宝瓶口"，滔滔江水能通畅地向东流，解决了西边水量过大问题的同时，也给成都平原带去了灌溉水源。

但还有个问题，东边地势较高，在岷江平水期，如何保障流入宝瓶口的水不间断呢？李冰父子又率领大众在离玉垒山不远的岷江上游和江心筑分水堤。受岷山盛产竹子的启发，他们让竹工编制大竹笼，装满鹅卵石，然后一个一个地沉入江底，筑成了分水堤。

　　大堤前端形状像鱼头，因此取名为"鱼嘴"。都江堰"鱼嘴"迎向岷江上游，把汹涌而来的江水分成东、西两股。西股的叫外

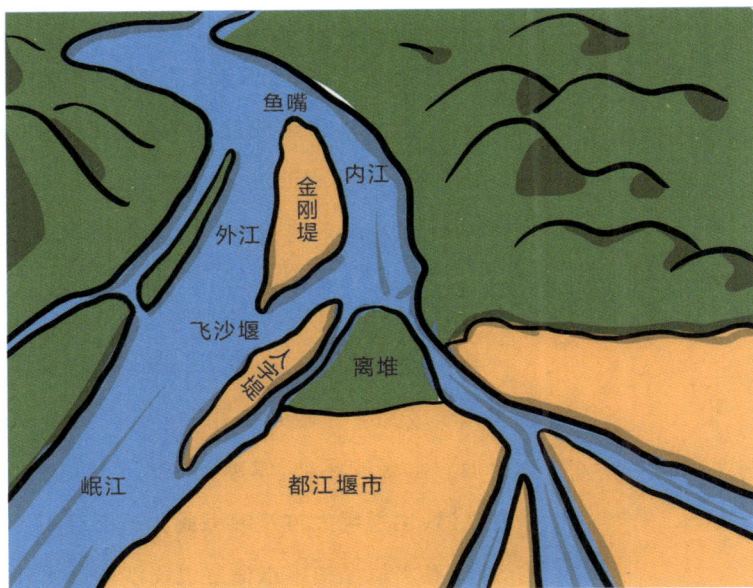

都江堰示意图。

都江堰的"鱼嘴",迎向岷江上游。

江,东股的叫内江,也就是通往宝瓶口的一股。内江窄而深,外江宽而平。在枯水季节,岷江水位较低,河流主流线多靠近河流凹岸流去。分水堤将约6/10的江水流入内江,4/10的江水流入外江,保证了灌区的用水量,简称"四六分水"。这样,即使在枯水期,也能保障成都平原的灌溉需要。同时,根据弯道的水流规律,表层水流流向凹岸(内江),底层水流流向凸岸(外江),随洪水而下的80%的泥沙随底层水流流向外江,又称"二八分沙"。

平水期问题解决了,到了汛期,宝瓶口会不会因为水量过大而淹了成都平原呢?为了进一步控制流入宝瓶口的水量,在鱼嘴分水堤的尾部,李冰又修建了分洪用的平水槽和飞沙堰溢洪道,也是用大竹笼装满鹅卵石堆筑的。当内江水位过高的时候,洪水就经由平水槽漫过飞沙堰流入外江,以保障内江灌溉区免遭水淹。同时,河道利用江水直冲水底崖壁而产生的漩流冲力,将泥沙从河道侧面的飞沙堰排走,这样便不会淤塞内江和宝瓶口水道,有效地减少了泥沙在宝瓶口前后的沉积。

都江堰水利工程的科学与奥妙之处,集中反映在鱼嘴、飞沙堰、宝瓶口三大工程组成了一个完整的大系统,在岷江不同水量的情况下都具有分洪除沙、引水灌溉的能力。此外,都江堰水利工程还解决了至今水利问题上的一个大难题——排沙问题,即使是利用当代先进技术修建的长江三峡工程也还是存在排沙问题,而两千年前修建的都江堰却省去了人力劳动。难怪德国地理学家李·希霍芬称赞:"都江堰灌溉方法之完善,无与伦比。"

都江堰能够历经2000多年依然发挥重要作用,除了归功于修建时的科学设计,也离不开历代的有效管理。汉灵帝时设置"都水掾"和"都水长"负责维护堰首工程;蜀汉时,

从一侧的山上俯瞰将岷江分为
内江和外江的鱼嘴、金刚堤。

离堆。

诸葛亮设堰官，并"征丁千二百人主护之"（《水经注·江水》）。此后各朝，以堰首所在地的县令为主管。到宋朝时，制定了施行至今的岁修制度。新中国成立后，设立了都江堰管理局，内设工程建设管理处等17个科室来维护都江堰工程。

都江堰水利工程，功在当代，利在千秋。正是都江堰，成就了沃野千里的天府之国。从这一点上来说，将都江堰称作中国古代最伟大的水利工程，毫不为过。

知识点

四川盆地，水热充足，土壤肥沃，是我国重要的农业区。

浪奔浪流，上海滩的楼

■ 刘珊珊、陈洪澜

　　上海老城厢外，南起延安东路，北至外白渡桥，面对黄浦江的狭长地带，是近代上海市的发源地。这里耸立着中国近代历史上最重要的一组建筑——上海外滩建筑群。这些建筑壮丽巍峨、比肩而立、互相争胜，组成了特色鲜明的上海天际线。它们代表着近代世界上流行的各种建筑风格，因此得到了"万国建筑博览"的美誉。

　　上海本来是中国一座普通的小县城，黄浦江从城外流过，河滩芦苇丛生，是一片荒凉的农田。1842年，英国强迫清政府签订了《南京条约》，辟上海为"通商口岸"。黄浦江航道宽深，水流充沛平稳，非常适宜航行，英国人占据这里作为船舶停泊区。加之黄浦江沿岸地势平坦，适宜建造码头和仓库，周围有苏州河和洋泾浜两条河流，方便运货到内陆。于是他们对上海道台威逼利诱，把一江两河之间的区域划为英属居留地。随后英国商人接踵而来，在这里建旅馆、开洋行，开启了外滩"十里洋场"的历史。

地处长江三角洲东缘，东濒东海，南临杭州湾，西接江苏、浙江两省，北接长江入海口。

上海外滩全景。

外滩早期的建筑多为低层的楼房,这些建筑如今多已不在。在保存完好的建筑中,最古老的要数英国驻沪领事馆。

黄浦江是上海最大的河流,其上游发源于浙江的龙王山,在外滩汇合成吴淞江注入长江。

英国人曾在老城厢内租了"敦春堂"民房,充当临时领事馆。1846年才到城外租地建设领事馆,耗时3年建成使用。然而1870年发生火灾,建筑与文件档案一起烧毁,于是1872年在原址重建。

新建成的领事馆办公楼是两层砖木楼房,房子外侧四周有一圈宽阔的走廊,用或方或圆的拱券围起来,既遮阴,又开敞。这是英国人在炎热潮湿的地方发展出来的一种建筑类型,称作"外廊式"建筑。当时英国红砖还很难运输,房屋主要是用中国本土的青砖建设,只有拱券和局部柱子用红砖装饰。房屋周围是大片的花园和草坪,环境优美。新中国成立后,英国驻沪领事馆撤离,这座建筑归上海市政府机关事务管理局等单位使用,现在被改为精品酒店。

洋场上的中国海关

外滩的中山东一路13号有座建筑十分引人瞩目,它中部高耸着气派的钟楼,四面各有一面大钟,每过15分钟就奏响报时,声音回荡在黄浦江上空。这座建筑并非外滩常见的商业大楼,它曾经是清朝四大海关之一,被称为"江海关"。

江海关大楼经历过几次重建,现在我们看到的是第四代江海关大楼。最早的两代江海关大楼都是中国式建筑,处在外滩众多的西式大楼之间,显得颇为简陋。1891年,中式的江海关大楼被拆除,参照英国的教堂式样,采用砖木结构重建为带有5层钟楼的西式楼房。1925年重建为钢框架结构的新

英国驻沪领事馆。

楼,它便是今天的江海关大楼。

　　新大楼由公和洋行设计,新仁记营造厂营建,高8层(连夹层为9层),上有4层高的钟楼。它的建筑外形是不同建筑风格的糅合,入口采用希腊复兴式的多立克柱式,灵感来自雅典的帕特农神庙;建筑主体采用垂直线条,建筑顶部加上高耸的钟楼,直指天空,让人想起哥特式教堂的尖塔,钟楼的几何线条明快简洁,又有着装饰主义的特点,这种杂糅的建筑形式,是19世纪折中主义风格的变体。钟楼上的大钟同伦敦国会大厦上的大本钟一模一样,为同一公司的产品,直径为5.3米,大钟中有72盏电灯,最大

第四代江海关大楼。

的钟摆重达2吨,为亚洲之冠,也是世界知名的大钟之一。

昔日的"金融帝国"

位于江海关隔壁的,是当时号称"从苏伊士运河到远东白令海峡最讲究的建筑"的汇丰银行大楼。这座建筑建于1921年。从正面看去,整个建筑沿中轴对称,纵向分成上中下3段,横向分成5段,中央6根巨柱贯穿3层,顶部建有两层高的钢结构巨型穹顶,这是西方新古典主义设计手法的典型构图。

汇丰银行大楼穹顶内部有彩色玻璃马赛克拼成的镶嵌画,做工精良,用料昂贵,特别是设计别具匠心。顶部中心壁画为罗马希腊神话中的日神、月神和丰收女神,配以黄道十二星座,象征汇丰银行的业务繁荣兴旺。

穹顶底部8个侧面的内壁各有壁画,画着象征上海、伦敦、巴黎、纽约、东京、曼谷、加尔各答和香港8个城市的女神,并分别以这些城市的建筑为背景。汇丰银行的总部设在香港,在其他7个城市均有支行,这些女神就是各个分行的人格化象征。最有趣的是其中上海的壁画上画着航海女神,背景上的建筑正是这座汇

汇丰银行大楼。

丰银行大楼和一旁紧邻的江海关。

　　汇丰银行大楼毫无争议是外滩体量最大的建筑，但是对于外滩最高建筑的称号，曾经发生过多次争夺战。

　　近代时期的外滩是亚洲建筑最繁华的地区之一，如果能成为外滩第一高楼，便可夺得"远东第一高楼"的称号。这项称号最早由犹太大商人维克多·沙逊在上海建造的"沙逊大厦"所保有。

　　沙逊大厦于1926年开工，1929年建成，采用钢框架结构，地上13层，地下1层，通高77米。楼身采用花岗石贴面，强调竖向线条，内部装饰时尚，具有强烈的"装饰艺术"风格，大楼顶层有高达19米的墨绿色金字塔屋顶，是外滩的地标之一。

　　沙逊大厦的隔壁是中国建筑师陆谦受设计的中国银行大楼。中国银行是当时资金最雄厚的华资银行，1934年开工建新楼。为了彰显民族自信，有意在高度上与旁边的沙逊大厦争胜。沙逊得知后，随即出来蛮横干涉，提出楼高不得超过沙逊大厦的金字塔顶，强令租界工部局工程处拒发建造执照，由此造成中国银行更改方案，降低高度，最终中国银行大楼比沙逊大厦低0.3米。

中国银行大楼。

　　尽管如此，中国银行大楼的规模和设施仍堪称一时之冠。这座摩天楼融入了中国民族艺术风格。在大厦顶端冠以中式攒尖屋顶，装饰细部大量采用简化和几何化的中国传统建筑图案。檐下有简化仿木构的石质斗拱，正立面漏窗采用"寿"字图案，大门口的九级台阶取"九九无穷"之意。大门上方原有孔子周游列国石雕，可惜后来被铲去。银行有两层地下室，安保设计严

沙逊大厦。

密,当时被称为"远东第一大库"。该楼目前仍由中国银行上海分行使用。

"万国建筑博览"的由来

外滩之所以留下了琳琅满目、风格各异的建筑,与它"东方华尔街"的历史地位息息相关。近代的外滩成为远东最重要的政治、金融、文化中心,各国商贾纷至沓来,都希望能在此占有一席之地。他们在外滩展开建筑竞赛,用壮丽的建筑彰显着自己的实力。

从开埠到今天,外滩的建筑不断拆除重建,经历过3次大规模的更新,出自不同的建筑师之手,紧紧跟随着世界建筑时尚更迭的潮流,始终代表着当时全球最先进的设计与技术水平。外滩的建筑是近代时期东西各国文化碰撞与交融的体现,也是上海近代历史的见证。

知识点

上海是长江三角洲城市群的核心城市,人口数量为2487万(2020年11月1日人口普查统计),是我国最重要的综合性工业、金融、商贸中心城市。

昔日神秘占国,如今一片废墟

■ 马程

　　1980年,考古学家在罗布泊铁板河发现一具保存完好的女性古尸,她的皮肤为红褐色,还稍有弹性,面部轮廓非常明显,眼睛大而深、鼻梁高而窄、下巴尖而翘。经过图像处理后,这位绝世美女栩栩如生地出现在人们面前！由于这具女性古尸是在神秘的楼兰古城附近被发现的,所以被称为"楼兰美女"。

　　孕育了无数美女的楼兰国,是汉代西域三十六国之一,其都城位于今天的新疆罗布泊西岸,地形平坦,水草丰美。楼兰城因其特殊的地理位置成为古代丝绸之路上的交通枢纽。楼兰城人口稠密,街巷纵横,商铺林立,是中西方贸易交汇的繁华之地。在汉昭帝时,楼兰城还是中央集权控制西域的战略重镇。可就是这样的"川流不息,车水马龙"之地,在公元4世纪前后,突然从世

楼兰故城遗址。

界上消失了,代替它的只有茫茫尘沙。几百年后,唐朝军队来寻找过楼兰古城,但是无功而返。

直到20世纪初,瑞典的探险家斯文·赫定重新发现了消失已久的楼兰古城。有趣的是,这次发现完全是场意外。在沙漠中探险,水源是很重要的,而探险队准备挖井取水时却发现铲子丢了,于是赫定便让当地的向导回去寻找铲子。这位可怜的向导在找到铲子后,在返回的路上遭遇了沙尘暴。起初他以为自己必死无疑,但是却幸运地活下来了。**更为神奇的是,沙尘暴停止后,呈现在他眼前的竟是连绵不绝的房屋和一座座高大的泥塔,一座埋在地底千年的古城寂静地屹立在他的面前**。向导立即跑回营地告诉了赫定,这才重新发现了楼兰古城。

楼兰古城散布在罗布泊西岸的雅丹地貌群中。

塔克拉玛干沙漠以东,卫星图上耳朵状的地方就是罗布泊,楼兰古城就位于罗布泊的西侧。

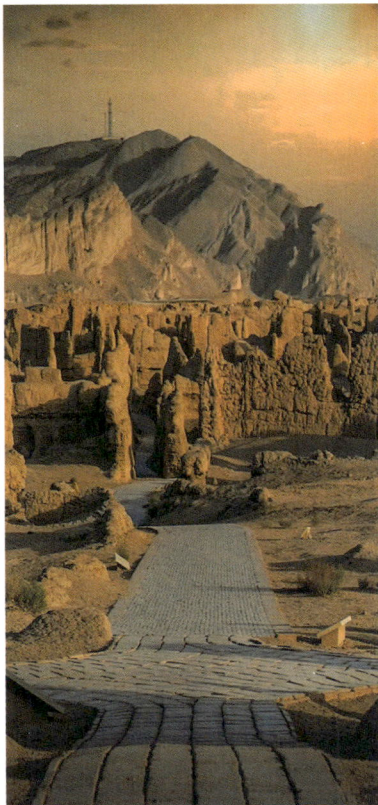
楼兰古城。

在塔里木盆地边缘的山麓地带和河流沿岸，分布着星星点点的绿洲。它们的水源主要来自山地降水和冰川融水。当地人们就生活在这些绿洲中。

当年的繁华之处，如今只剩废墟遗迹，令人唏嘘。从"商铺林立"变成了如今的"死亡之地"，楼兰古城到底经历了什么？

楼兰古城的消亡与气候变化息息相关。我们的地质环境变化大概经历了3个阶段：升温期、高温期（气候适宜期）、降温期。以楼兰古城为例，新石器时代，人类便涉足这里；青铜器时代，这里人口繁盛，这时恰值高温期，罗布泊湖面广阔，气候湿润，环境适宜。文章开头提到的楼兰美女正生活于这一时期。但进入降温期后，低温环境下，季风运往亚洲内陆的水汽不足，导致中国西北地区水土环境变差，河水流量减少，湖泊面积缩减，沙漠不断扩张。而楼兰古城的消失时期正好处于气候干旱化加剧时期。

在沙漠中，水源是人类存活的关键。**罗布泊曾经是中国西北干旱地区最大的湖泊，面积有12 000平方千米，芳草萋萋，生机勃勃。**楼兰古城就建立在这片绿洲之上。史书记载，东汉以后，塔里木河中游的注滨河改道使得注入罗布泊的水量减少，从而导致楼兰严重缺水。楼兰人几经周折也只能暂时缓解水荒。楼兰古城终因断水而被遗弃。

除了干旱加剧和河流改道外，当地居民对生态环境的破坏对古城的消亡也起到了推波助澜的作用。楼兰古城建立在罗布泊西岸，这里曾有长势繁茂的胡杨树和红柳。当年，楼兰人在罗布泊湖边筑造了10多万平方米的楼兰古城，城中屋舍采用的建筑材料主要来源于周边树木。随着人口的增加，砍伐树木的现象也与日俱增。在楼兰古城已发现的7座"太阳墓"中，每座"太阳墓"均由一万多根成材圆木组成，至少需要砍伐100棵成年树木。伐木量之多，令人咋舌。这对于生态异常脆弱的沙漠地区来说，无疑是灾难性的。在地表植被被破坏的情况下，土壤严重流失，加之气候干旱，曾经的这片绿洲逐渐变成了一片荒漠。

当然，楼兰古城的消亡是多种因素共同作用的结果。除了河流改道和生态环境的恶化，楼兰古城的衰亡还与整个社会的发展息息相关。楼兰古城衰落于东晋十六国时期，当时正是中国历史上政局混乱的时期。北方许多民族自立为藩，战乱频繁，而楼兰古城处于军事要地。频繁的战争和掠夺性的洗劫更加速了楼兰古城的消亡。

无独有偶，生态环境恶化导致楼兰古城消亡的悲剧也曾悄悄地在敦煌地区上演。由于千百年来无节制地开垦土地、超载放牧、滥伐林木、滥采中草药、滥用水资源等不合理人为活动的加剧，加之敦煌地区本身干旱的气候，敦煌地区的绿洲面积持续减少。如果不采取措施，莫高窟和月牙泉等人文景观将不复存在。但经过多年的环境保护，这种情况目前已有很大改善。

敦煌莫高窟。

　　虽然楼兰古城昔日的光辉已经被岁月尘封,但是它给予人类的教训是深刻的:只有珍爱环境,坚定不移地进行生态文明建设,才能让悲剧不再重演,才能让我们生活的地球更加美好。

知识点

西北地区距海较远,并且被山岭重重阻隔,湿润气流难以到达。

全国的羊肉哪家强？

■ 刘策

中国哪里的羊肉最好吃？科学上评价羊肉和其他肉制品有一套客观指标。这些指标包括物理特性，如肉的色泽、嫩度、持水能力，也包括一些营养指标，如水分、蛋白质、脂肪（脂肪酸）等。其中，风味物质的构成和含量是影响羊肉口感的重要因素。

一般而言，相比于产自农区的羊肉，牧区羊肉的风味物质种类要更多，羊肉的味道更浓郁。原因是牧区的羊比舍饲圈养的羊运动量大，肌肉纤维粗壮，嚼起来的口感好。纯天然牧区的羊心情愉悦、无拘无束，健康状况也更好。这和人类心情与健康之间的关系一样。健康的羊的机体抗氧化水平更高，而宰后获得的羊肉的多个指标（色泽、持水力等）会随着机体抗氧化水平的提高而提高。

中国有着广阔的牧区

地椒是唇形科、百里香属植物。

牧区的牧草也含有一些风味前体物质。前体物质包括葡萄糖、氨基酸、核苷酸、硫胺素等水溶性物质,也包括多种脂肪酸在内的脂溶性物质。这些前体物质会通过羔羊的采食进入羔羊体内,最终沉积在羔羊的肌肉组织中。羊肉在高温烹制后,这些前体物质会在加热过程中发生化学反应并生成醛类、酯类、醇类等,这些挥发性物质最终给人们带来丰富、浓郁的口感,通过刺激人的口腔上皮细胞给人带来愉悦感。

牧草的种类也会影响羊肉的风味。有研究表明,采食沙葱、地椒牧草的绵羊,羊肉中的不饱和脂肪酸含量及色氨酸含量更高,提高了羊肉风味前体物质含量。而甘草中的黄酮类和苜蓿中的皂苷类物质均有提高羊肉品质、改善羊肉色泽及提高羊肉持水力的功效,这与其促进绵羊的健康水平有关。

贺兰山以东地区降水较多，地表水资源比较丰富，分布有呼伦贝尔草原、锡林郭勒草原等大型优质草场。

内蒙古、新疆与宁夏等西北地区，因为拥有丰富的天然牧草资源和放牧条件，产出的羊肉颇负盛名。那么，这些地方产出的羊肉有高下之分吗？

风味物质的影响因素有很多。同样是牧区，不同牧区产出的羊肉也存在明显差异。同一个省区，即使换一块草地、换一种羊，风味也会发生很大变化。科学研究只能判断每种羊肉风味物质的构成和含量，但是这些与人们主观上的好吃不好吃并没有确定的关系。同样一块肉，有人觉得美味，有人觉得难以下咽。人们

沙葱是西北地区人民喜爱的野菜，可和肉、蛋一起烹炒，也可用来拌饺子馅。

西北地区的
牧区和灌溉
农业区

畜牧业
- 内蒙古牧区：三河马，三河牛，三北羊，阿拉善骆驼等
- 新疆牧区：新疆细毛羊，伊犁马等

灌溉农业
- 河西走廊
- 新疆高山山麓的绿洲 → 河水，地下水
- 宁夏平原
- 内蒙古河套平原 → 黄河水

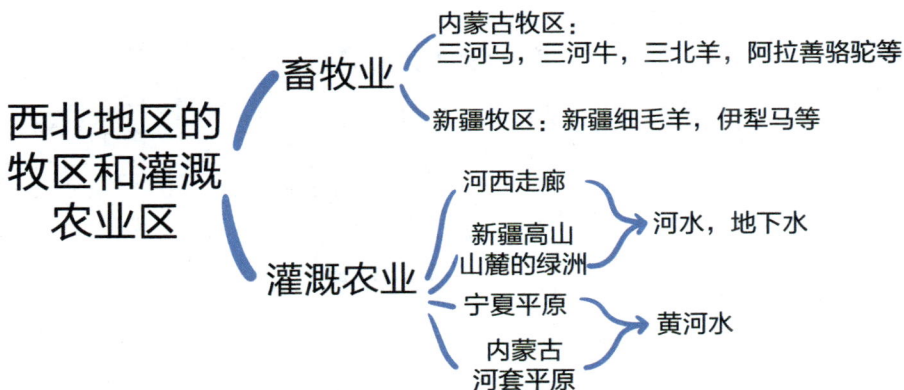

评价羊肉是否好吃主要和饮食习惯有关。走访羊肉产区，你会发现当地人总是最热爱自己家乡的羊肉。这可能是因为从小吃羊肉，对自己家乡羊肉的风味和口感有记忆，而这些细微的风味差别，非传统牧区的人是较难区分的。

知识点

西北地区草场广布,是我国重要的畜牧业基地。